斐波那契
高级交易法

外汇交易中的波浪理论和实践

│第3版│

魏强斌 / 著

经济管理出版社
ECONOMY & MANAGEMENT PUBLISHING HOUSE

图书在版编目（CIP）数据

斐波那契高级交易法——外汇交易中的波浪理论和实践/魏强斌著. —3 版. —北京：经济管理出版社，
2021.1
ISBN 978-7-5096-7711-7

Ⅰ.①斐… Ⅱ.①魏… Ⅲ.①斐波那契序列—应用—期货交易—基本知识 Ⅳ.①F713.35

中国版本图书馆 CIP 数据核字（2021）第 021996 号

策划编辑：勇　生
责任编辑：勇　生　刘　宏
责任印制：赵亚荣
责任校对：王淑卿

出版发行：经济管理出版社
　　　　　（北京市海淀区北蜂窝 8 号中雅大厦 A 座 11 层　100038）
网　　址：www. E-mp. com. cn
电　　话：（010）51915602
印　　刷：唐山昊达印刷有限公司
经　　销：新华书店
开　　本：787mm×1092mm/16
印　　张：16.25
字　　数：308 千字
版　　次：2021 年 8 月第 3 版　2021 年 8 月第 1 次印刷
书　　号：ISBN 978-7-5096-7711-7
定　　价：78.00 元

读者赞誉（第一、第二版）

第一版很好，有借鉴意义，启发思路有用。挺不错的一本书，100倍杠杆，用一桶油的钱瞬间赚了可以买几十本书的钱。

——y***i

化繁为简，精辟透彻，实用性强！作者把多年交易心得体会融汇贯穿于书中，图例很多，且有模型与之对应，加上丰富实用备注解释，堪称完美！

——S***

魏老师的书，对我交易生涯起到很大的帮助，第一版已经看过，实用性强，交易策略一直在用。这次再版，新添了内容，果断收藏。

——閱戮瀺澶

看了留言，有人在问斐波那契交易法有没有效果，作为长期使用者，我还是想说两句。照搬的经常会被市场来回打脸，必须总结出来。我自己经过提炼作者的思路，目前在英镑上一年多表现远远大于作者的系统效果，不过我自己交易英镑可能有很多实战经验，斐波那契交易法绝对是很有用的，但需要在每个品种和周期上加以补充和改进。

——随风微尘

本书的独特之处在于，只留下了所有波浪理论的合理内核，做到"精简，有效"。艾略特波浪理论、加特力波浪理论的内核是斐波那契点位交易法，而斐波那契点位交易法直接用于市场的局限在于"往往忽略了市场趋势，同时提供的交易位置过多"。我们合理化了斐波那契点位交易法，采用的方法可以除去模棱两可的情况，做到基本在任何情况下都可以据此做出单一的决策，这套方法不会犯普通斐波那契点位交易法逆势交易的错误。

——花开见佛

很清晰的一本书，算是外汇交易的高级教程了。每次看此书都会有不同的理解和

感悟！

——g***4

本书的作者运用通俗易懂的手笔，将深奥的理论与实际操作有机结合起来，让读者在领略理论知识的同时，又能按照实际操作加以运用；对于有一定外汇操作经验的读者来说，的确是一本难得的好书。但阵而后战，兵之常法，然势有不可拘者，且运用之妙，存于一心。

——Jolly

很喜欢的一套书，非常精彩，内容很棒。推荐给大家，希望每个人都能阅读。

——myuta

性价比很高的实战性操作技术，有指导性，值得一看。

——gjl37

这本书适合金融投资专业人员阅读，内容不错，质量也行。

——海潮 200

内容不错，很值得学习和研究。

——Panli

看了一部分电子版，觉得很不错，就买了，也不贵，总白看也不是很好。

——赵梦韡

经典必看的操盘书籍，这本书非常值得推荐。

——万水千山 7

虽然书不厚，但很有借鉴意义！

——Stkma

此书读起来很有兴趣，内容挺精彩的！

——lu_li

真的是很不错的一本书，值得一看！

——许许 123

已经看了一大半了，感觉很好，值得向大家推荐！

——zyzs1

介绍的方法很实用，值得仔细研究。

——Joeyl

这本书可以提供量化的思路，总之不错。

——Lihui

这本书太棒了，看完后，以黄金比的速度赚钱。

——Mvpeo

顺势而为，化繁为简，成大道！一种方法，创造一种智慧。

——读懂你的芬

斐波那契交易法是斐波那契数列的神奇应用，也是行之有效的高级交易法。这套书不错，很精彩。

——饶浩然

本人一直比较喜欢用斐波那契指标，但是一直没有深入地学习，这本书很好地解决了我的问题。

——银月伯爵

外汇必修书目！先在图书馆借了一本看，感觉不错，于是买了一本保存。

——不倒翁11

很值得认真学习的书！！！

——Panfu

绝对是交易进阶者归正的一本良册，不过需要时间去细细品读和实践，谨记跳出金钱的原始混乱冲动。

——excha

非常喜欢！这本书非常好看，非常满意！

——小天使13

虽然有很多的内容都知道，但只要有一句能让你顿悟，那就值得一读。

——Wenro

绝品书籍，有很强的实战性。

——茅屋小酌

本书描述了黄金比例在市场上的作用，感觉非常好，是值得一看的一本书。

——苏州望月

这是一本好书，做外汇的朋友都值得一读，对交易思路的启发很有借鉴意义。

——菲波纳奇

此书读一遍肯定不够，只读不练更不行。希望作者能不断、不吝惜地与我们分享自己的经验。再次感谢！

——好学的老虎

作者可谓在交易领域里有颇深的理解和系统交易方法的深刻认识，读后收获颇多，

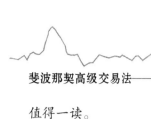

值得一读。

——Steve

不错，新的思考角度和方法。推荐！

——Starr

用于证券投机的一种很好的方法，准备好好看一看，重要的不是能掌握多少，最重要的是能不能严格履行！

——老雪扬

我对斐波那契数列很感兴趣，这本书对此进行了很深的讲解。此书专研斐波那契神奇数字，对操作有一定的帮助，值得慢慢细读。

——大脸猫 12

主要讲运用斐波那契进行买入、持仓、卖出的操作。运用斐波那契判断驱动浪和调整浪。适合趋势操作，但是不要钻牛角尖。

——Jason

比较注重实战，可以作为一种交易方法去灵活运用，此书不错。

——Andyl

此书对于学习斐波那契交易法有一定的参考价值。

——宇之琪

预测阻力位同支撑位好准，先好好读一下。

——星梦千年

本人一直在用该交易法，看过这本书之后对于斐波那契交易法的理解更加深入，运用也更加熟练了，不错，一本好书。

——Huaib

利用黄金比率判断是反弹还是趋势转折，从而制定动态出场点。

——Ace

一本很实用的书。

——王云

实战派写出来的交易类书籍！

——才子游

非常感谢您编写的《斐波那契高级交易法——外汇交易中的波浪理论和实践》这本书，我将推动浪与隧道交易系统相结合起来用，在外汇交易上取得了很好的效果。谢谢您无私的大爱精神，将您的研究成果与有缘人分享，通过学习您的作品，让我有了

一把衡量交易趋势的尺子，在交易的森林里不再迷失方向，增强了我的交易信心，进而能够持续地交易下去。

——罗炳森

师父领进门，修行在个人。书中提到的是一些比较典型的点位和形态。适合小白的入门学习。

——光速 N8

魏老师写得不错，有独到之处，可借鉴性强。非常实用的书籍，能边学边用！是交易者必备的工具书。

——f***o

很好的一本书！名家名作，值得学习和阅读。

——violet811

国内交易类图书中的精品！通俗易懂，可操作性强，印刷很正。观点独特，值得收藏。很好、很喜欢、很实惠，一套准备买全。

——jack_choi

非常好的一本书！经典之作，值得学习。作者写得切中要害，深入人心。高深到简单实用，这是实践中需要提炼的。

——y***6

一直找不到预测点位的方法，看了深受启发。一看就知道是实战派高手写出来的书，强烈推荐魏强斌全系列的书。

——a***s

魏老师的书，基本都是经典之作，本书也不例外。一个前辈推荐的，值得收藏。

——缁 ***8

厚厚的一本书，大量的图例，比较通俗易懂。浓缩下来，作者的精华就是推理/调整波浪交易法，比较新鲜，方法值得一试。

——wnlking101

赚钱利器！已经看了一个月，对于交易非常有帮助，但是总体上书写得很精练，没有过多废话。

——jd_8273798

外汇交易经典大作！这本书从买来到现在已经读了两遍了，非常适合我。内容非常吸引我。买得太划算了！这本书非常棒，你值得拥有。

——花 *** 瑟

魏强斌老师的书非常好，讲得很详细。虽然用过这技术，看后感触还是很深。另外，斐波那契在研究大盘的时候用处也挺大的。向前辈学习，向历史学习。

——Yutonghan

专业性强，分析权威，值得一读，受益匪浅！

——c***4

魏强斌的书必是精品！本书尤其值得一看。一直以来都在看魏老师的书，真的有效果！

——南***万

本书比较实用，已经关注多年，对完善交易体系有用。拜读过《外汇短线交易的24堂精品课》，受益匪浅，现在买来魏先生的全套书籍，做个系统消化。

——格***的

非常经典的一本书，适合各阶段学习使用，非常赞。其实不仅用于外汇交易，也普遍应用于整个投资领域包括股票、期货等的交易。

——我***人

很不错，有干货！写得非常细致，是作者长期经验积累的结果，魏老师很棒！确实能够从本书中得到真传，不断提高收益率。

——f***7

导言　成为伟大交易者的秘密

◇ 伟大并非偶然！

◇ 常人的失败在于期望用同样的方法达到不一样的效果！

◇ 如果辨别不正确的说法是件很容易的事，那么就不会存在这么多的伪真理了。

金融交易是全世界最自由的职业，每个交易者都可以为自己量身定做一套盈利模式。从市场中"提取"金钱的具体方式各异，而这却是金融市场最令人神往之处。但是，正如大千世界的诡异多变由少数几条定律支配一样，仅有的"圣杯"也为众多伟大的交易圣者所朝拜。现在，我们就来一一细数其中的最伟大代表吧。

作为技术交易（Technical Trading）的代表性人物，理查德·丹尼斯（Richard Dannis）闻名于世，他以区区 2000 美元的资本累计了高达 10 亿美元的利润，而且持续了十数年的交易时间。更令人惊奇的是，他以技术分析方法进行商品期货买卖，也就是以价格作为分析的核心。但是，理查德·丹尼斯的伟大远不止于此，这就好比亚历山大的伟大远不止于建立地跨欧、亚、非的大帝国一样，理查德·丹尼斯的"海龟计划"使得目前世界排名前十的 CTA 基金经理有六位是其门徒。"海龟交易法"从此名扬天下，纵横寰球数十载，今天中国内地也刮起了一股"海龟交易法"的超级风暴。其实，"海龟交易"的核心在于两点：一是"周规则"蕴含的趋势交易思想；二是资金管理和风险控制中蕴含的机械和系统交易思想。所谓"周规则"（Weeks' Rules），简单而言就是价格突破 N 周内高点做多（低点做空）的简单规则，"突破而做"（Trading as Breaking）彰显的就是趋势跟踪交易（Trend Following Trading）。深入下去，"周规则"其实是一个交易系统，其中首先体现了"系统交易"（Systematic Trading）的原则，其次体现了"机械交易"（Mechanical Trading）的原则。对于这两个原则，我们暂不深入，让我们看看更令人惊奇的事实。

巴菲特（Warren Buffett）和索罗斯（Georgy Soros）是基本面交易（Fundamental Investment & Speculation）的最伟大代表，前者 2007 年再次登上首富的宝座，能够时隔

多年后再次登榜，实力自不待言，后者则被誉为"全世界唯一拥有独立外交政策的平民"，两位大师能够"登榜首"和"上尊号"基本上都源于他们的巨额财富。从根本上讲，是卓越的金融投资才使得他们能够"坐拥天下"。巴菲特刚踏入投资大门就被信息论巨擘认定是未来的世界首富，因为这位学界巨擘认为巴菲特对概率论的实践实在是无人能出其右，巴菲特的妻子更是将巴菲特的投资秘诀和盘托出，其中不难看出巴菲特系统交易思维的"强悍"程度。套用一句时下流行的口头禅"很好很强大"，恐怕连那些以定量著称的技术投机客都要俯首称臣。巴菲特自称85%的思想受传于本杰明•格雷厄姆的教诲，而此君则是一个以会计精算式思维进行投资的代表，其中需要的概率性思维和系统性思维不需多言便可以看出"九分"！巴菲特精于桥牌，比尔•盖茨是其搭档，桥牌游戏需要的是严密的概率思维，也就是系统思维，怪不得巴菲特首先在牌桌上征服了信息论巨擘，随后征服了整个金融界。以此看来，巴菲特在金融王国的"加冕"早在桥牌游戏中就已经显出端倪！

索罗斯的著作一大箩筐，以《金融炼金术》最为出名，其中他尝试构建一个投机的系统。他师承卡尔•波普和哈耶克，两人都认为人的认知天生存在缺陷，所以索罗斯认为情绪和有限理性导致了市场的"盛衰周期"（Boom and Burst Cycles），而要成为一个伟大的交易者则需要避免受到此种缺陷的影响，并且进而利用这些波动。索罗斯力图构建一个系统的交易框架，其中以卡尔•波普的哲学和哈耶克的经济学思想为基础，"反身性"是这个系统的核心所在。

还可以举出太多以系统交易和机械交易为原则的金融大师们，比如伯恩斯坦（短线交易大师）、比尔•威廉姆（混沌交易大师）等，太多了，实在无法一一述及。

那么，从抽象的角度来讲，我们为什么要迈向系统交易和机械交易的道路呢？请让我们给出几条显而易见的理由吧。

第一，人的认知和行为极易受到市场和参与群体的影响，当你处于其中超过5分钟时，你将受到环境的催眠，此后你的决策将受到非理性因素的影响，你的行为将被外界接管。而机械交易和系统交易可以极大地避免这种情况的发生。

第二，任何交易都是由行情分析和仓位管理构成的，其中涉及的不仅是进场，还涉及出场，而出场则涉及盈利状态下的出场和亏损状态下的出场，进场和出场之间还涉及加仓和减仓等问题。此外，上述操作还都涉及多次决策，在短线交易中更是如此。复杂和高频率的决策任务使得带有情绪且精力有限的人脑无法胜任。疲累和焦虑下的决策会导致失误，对此想必每个外汇和黄金短线客都是深有体会的。系统交易和机械交易可以流程化地反复管理这些过程，省去了不少人力成本。

第三，人的决策行为随意性较强，更为重要的是每次交易中使用的策略都有某种程度上的不一致，这使得绩效很难评价，因为不清楚 N 次交易中特定因素的作用到底如何。由于交易绩效很难评价，所以也就谈不上提高。这也是国内很多炒股者十年无长进的根本原因。任何交易技术和策略的评价都要基于足够多的交易样本，而随意决策下的交易则无法做到这一点，因为每次交易其实都运用了存在某些差异的策略，样本实际上来自不同的总体，无法用于统计分析。而机械交易和系统交易由于每次使用的策略一致，这样得到的样本也能用于绩效统计，所以很快就能发现问题。比如，一个交易者很可能在 1，2，3，…，21 次交易中，混杂使用了 A、B、C、D 四种策略，21 次交易下来，他无法对四种策略的效率做出有效评价，因为这 21 次交易中四种策略的使用程度并不一致。而机械交易和系统交易则完全可以解决这一问题。所以，要想客观评价交易策略的绩效，更快提高交易水平，应该以系统交易和机械交易为原则。

第四，目前金融市场飞速发展，股票、外汇、黄金、商品期货、股指期货、利率期货，还有期权等品种不断翻出新花样，这使得交易机会大量涌现，如果仅仅依靠人的随机决策能力来把握市场机会无异于杯水车薪。而且大型基金的不断涌现，使得单靠基金经理临场判断的压力和风险大大提高。机械交易和系统交易借助编程技术"上位"已成为这个时代的既定趋势。况且，期权类衍生品根本离不开系统交易和机械交易，因为其中牵涉大量的数理模型运用，靠人工是应付不了的。

中国人相信人脑胜过电脑，这绝对没有错，但也不完全对。毕竟人脑的功能在于创造性解决新问题，而且人脑的特点还在于容易受到情绪和最近经验的影响。在现代的金融交易中，交易者的主要作用不是盯盘和执行交易，这些都是交易系统的责任，交易者的主要作用是设计交易系统，定期统计交易系统的绩效，并做出改进。这一流程利用了人的创造性和机器的一致性。交易者的成功，离不开灵机一动，也离不开严守纪律。当交易者参与交易执行时，纪律成了最大问题；当既有交易系统让后来者放弃思考时，创新成了最大问题。但是，如果让交易者和交易系统各司其职，则需要的仅仅是从市场中提取利润！

作为内地最早倡导机械交易和系统交易的理念提供商（Trading Ideas Provider），希望我们策划出版的书籍能够为你带来最快的进步。当然，金融市场没有白拿的利润，长期的生存不可能夹杂任何的侥幸，请一定努力！高超的技能、完善的心智、卓越的眼光、坚韧的意志、广博的知识，这些都是一个至高无上的交易者应该具备的素质。请允许我们助你跻身于这个世纪最伟大的交易者行列！

Introduction   Secret to Become a Great Trader!

◇ Greatness does not derive from mere luck!

◇ The reason that an ordinary man fails is that he hopes to achieve different outcome using the same old way!

◇ There would not be so plenty fake truths if it was an easy thing to distinguish correct sayings from incorrect ones.

Financial trading is the freest occupation in the world, for every trader can develop a set of profit –making methods tailored exclusively for himself. There are various specific methods of soliciting money from market; while this is the very reason that why financial market is so fascinating. However, just like the ever–changing world is indeed dictated by a few rules, the only "Holy Grail" is worshipped by numerous great traders as well. In the following, we will examine the greatest representatives among them one by one.

As a representative of Techincal Trading, Richard Dannis is known worldwide. He has accumulated a profit as staggering as 1 billion dollar while the cost was merely 2000 bucks! He has been a trader for more than a decade. The inspiring thing about him is that he conducted commodity futures trading with a technical analysis method which in essence is price acting as the core of such analysis. Never the less, the greatness of Richard Dannis is far beyond this which is like the greatness of Alexander was more than the great empire across both Europe and Asia built by him. Thanks to his "Turtle Plan", 6 out of the world top 10 CTA fund managers are his adherents. And the Turtle Trading Method is frantically well-known ever since for a couple of decades. Today in mainland China, a storm of "Turtle Trading Method" is sweeping across the entire country. The core of Turtle Trading Method lies in two factors: first, the philosophy of trendy trading implied in "Weeks' Rules"; second, the philosophy of mechanical trading and systematic trading implied in fund manage-

ment and risk control. The so-called "Weeks' Rules" can be simplified as simples rules that going long at high and short at low within N weeks since price breakthrough. While Trading as breaking illustrates trend following trading. If we go deeper, we will find that "Weeks' Rules" is a trading system in nature. It tells us the principle of systematic trading and the principle of mechanical trading. Well, let's just put these two principles aside and look at some amazing facts in the first place.

The greatest representatives of fundamental investment and speculation are undoubtedly Warren Buffett and George Soros. The former claimed the title of richest man in the world in 2007 again. You can imagine how powerful he is; the latter is accredited as "the only civilian who has independent diplomatic policies in the world". The two masters win these glamorous titles because of their possession of enormous wealth. In essence, it is due to unparalleled financial trading that makes them admired by the whole world. Fresh with his feet in the field of investment, Buffett was regarded by the guru of Information Theory as the richest man in the future world for this guru considered that the practice by Buffett of Probability Theory is unparallel by anyone; Buffett' wife even made his investment secrets public. It is not hard to see that the trading system of Buffett is really powerful that even those technical speculators famous for quantity theory have to bow before him. Buffet said himself that 85% of his ideas are inherited from Benjamin Graham who is a representative of investing in a accountant's actuarial method which requires probability and systematic thinking. The interesting thing is that Buffett is a good player of bridge and his partner is Bill Gates! Playing bridge requires mentality of strict probability which is systematic thinking, no wonder that Buffett conquered the guru of Information Theory on bridge table and then conquered the whole financial world. From these facts we can see that even in his early plays of bridge, Buffett had shown his ambition to become king of the financial world.

Soros has written a large bucket of books among which the most famous is *The Alchemy of Finance*. In this book he tried to build a system of speculation. His teachers are Karl Popper and Hayek. The two thought that human perception has some inherent flaws, so their students Soros consequently deems that emotion and limited rationality lead to "Boom and Burst Cycles" of market; while if a man wants to become a great trader, he must overcome influences of such flaws and furthermore take advantage of them. Soros tried to build a systematic framework for trading based on economic ideas of Hayek and philosophic thoughts of

Karl Popper. Reflexivity is the very core of this system.

I may still tell you so many financial gurus taking systematic trading and mechanical trading as their principles, for instance, Bernstein (master of short line trading), Bill Williams (master of Chaos Trading), etc. Too many. Let's just forget about them.

Well, from the abstract perspective, why shall we take the road to systematic trading and mechanical trading? Please let me show you some very obvious reasons.

First, A man's perception and action are easily affected by market and participating groups. When you are staying in market or a group for more than 5 minutes, you will be hypnotized by ambient setting and ever since that your decisions will be affected by irrational elements.

Second, Any trading is composed of situation analysis and account management. It involves not only entrance but exit which may be either exit at profit or exit at a loss, and there are problems such as selling out and buying in. All these require multiple decision-makings, particularly in short line trading. Complicated and frequent decision-making is beyond the average brain of emotional and busy people. I bet every short line player of forex or gold knows it well that decision-making in fatigue and anxiety usually leads to failure. Well, systematic trading and machanical trading are able to manage these procedures repeatedly in a process and thus can save lots of time and energy.

Third, People make decisions in a quite casual manner. A more important factor is that people use different strategies in varying degrees in trading. This makes it difficult to evaluate the performance of such trading because in that way you will not know how much a specific factor plays in the N tradings. And the player can not improve his skills consequently. This is the very reason that many domestic retail investors make no progress at all for many years. Evaluation of trading techniques and strategies shall be based on plenty enough trading samples while it's simply impossible for tradings casually made for every trading adopts a variant strategy and samples accordingly derive from a different totality which can not be used for calculating and analysis. On the contrary, systematic trading and mechanical trading adopt the same strategy every time so they have applicable samples for performance evaluation and it's easier to pinpoint problems, for instance, a player may in first, second...twenty –first tradings used strategies A, B, C, D. He himself could not make effective evaluation of each strategy for he used them in varying degrees in these tradings,

but systematic trading and mechanical trading can shoot this trouble completely. Therefore, if you want to evaluate your trading strategies rationally and make quicker progress, you have to take systematic trading and mechanical trading as principles.

Fourth, Currently the financial market is developing at a staggering speed. Stock, forex, gold, commodity, index futures, interest rate futures, options, etc., everything new is coming out. So many opportunities! Well, if we just rely on human mind in grasping these opportunities, it is absolutely not enough. The emergence of large-scale funds makes the risk of personal judgment of fund managers pretty high. Take it easy, anyway, because we now have mechanical trading and systematic trading which has become an irrevocable trend of this age. Furthermore, derivatives such as options can not live without systematic trading and mechanical trading for it involves usage of large amount of mathematic and physical models which are simply beyond the reach of human strength.

Chinese people believe that human mind is superior to computer. Well, this is not wrong, but it is not completely right either. The greatness of human mind is its creativity; while its weakness is that it's vulnerable to emotion and past experiences. In modern financial trading, the main function of a trader is not looking at the board and executing deals—these are the responsibilities of the trading system—instead, his main function is to design the trading system and examine the performance of it and make according improvements. This process unifies human creativity and mechanical uniformity. The success of a trader is derived from tow factors: smart idea and discipline. When the trader is executing deals, discipline becomes a problem; when existing trading system makes newcomers give up thinking, creativity becomes dead. If, we let the trader and the trading system do their respective jobs well, what we need to do is soliciting profit from market only!

As the earliest Trading Ideas Provider who advocates mechanical trading and systematic trading in the mainland, we hope that our books will bring real progress to you. Of course, there is no free lunch. Long-term existence does not merely rely on luck. Please make some efforts! Superb skill, perfect mind, excellent eyesight, strong will, rich knowledge—all these are merits that a great trader shall have to command. Finally, please allow us to help you squeeze into the queue of the greatest traders of this century!

第三版序
斐波那契点位交易法的迭代升级

本书是全面介绍各种斐波那契点位交易法的专著，因此专注于外汇交易的纯技术维度。

不过，深入来讲纯技术交易存在一个"胜算率和风险报酬率成反比"的规律。具体而言，在特定的技术条件下胜算率和风险报酬率此消彼长：提高胜算率，则会相应地降低风险报酬率；提高风险报酬率，则会相应地降低胜算率。

"胜算率和风险报酬率成反比"规律是一个不利于纯技术交易的前提，另外还存在一个"市场和策略的周期性错配"规律，也称为"拥挤度稀释策略和预期收益率错配"规律。

不仅在外汇市场上，在所有金融市场上也都存在"拥挤度稀释策略和预期收益率错配"规律。短期来讲，如果在某个品种上同方向的仓位过多，则很容易导致踩踏。从更本质的角度来讲，采用某种策略的玩家越多，则竞争越激烈，这个策略的平均收益率也就越低。

单纯的斐波那契点位交易法就面临着上述两大规律的压制。当这个方法的阶段性收益率上升后，则市场上会有越来越多的玩家采用这个方法，其收益率会逐渐下降。伴随着收益率的下降，使用者数量下降，策略拥挤度下降。到了一定水平之后，策略收益率开始见底回升。同时，纯技术的斐波那契点位交易法使用者几乎不可能同时提高胜算率和风险报酬率。

反其道行之即可解决这个问题：第一，将驱动分析和心理分析融入到斐波那契点位交易法中。比如，关键点位需要新闻和基本面数据的进一步确认。又比如，利用交易和持仓（Commitment of Traders，COT）数据及散户持仓数据来确认关键点位。第二，根据交易日志来不断迭代升级斐波那契点位交易法，同时识别和规避策略的周期性。交易日志很重要，堪称唯一的老师。没有反馈，就不可能有进步。

为什么要写交易日志？

因为交易日志是交易者最好的老师，也可以说是终极老师。我不厌其烦地强调这点意在让大家觉醒，从一些虚幻的普遍想法中觉悟。几乎每个交易者在刚开始踏上交易之路的时候，都认为存在一个完美而机械的方法，这个方法可以体现为某个指标或者某个程式，很多交易者陷入到寻找"圣杯"的沼泽地中。其实，任何的具体招式都有很大的局限性，局限于某个市场、某个市况、某个标的、某个交易者。普遍规律是存在的，但是不存在对应于普遍规律的具体万能指标和策略。

但是，字面上认识了普遍规律并不意味着你能够在实践中落地，正如你懂得了关于流体力学和浮力的一切原理，掌握了游泳的一切理论知识，也并不意味着你会游泳。交易是一门技能，而且是一门博弈技能，而技能是养成的，而不是靠认知得到的。就博弈技能而言，就算你的师父是一位常胜将军，而且教育得法也不能将成功的模式复制给你；就算你对各种兵法经典烂熟于心，也并不意味着你能征善战。

任何理论和教导都只能起到启发的作用。所谓启悟证，启发只是第一步。经由切身体会形成的反馈才能让人真正前进，因此如何对待你的切身体会是最为关键的！

同时，市场也在不断演化，任何策略的绩效都存在周期性。通过记录和分析日志，可以找出这种周期性。

我目睹了很多杰出交易者的完整成长过程，他们能够脱颖而出，在于他们至少坚持写了一年以上的交易日志，而且是用心血浇灌的交易日志，而非用工不用心。交易日志是你能够真正进步并且最终达到一个令人满意的盈利水平的关键，记住这是唯一的关键，你甚至可以不学任何理论，不向任何人请教。

既然交易日志如此关键，那么我们如何写交易日志呢？

交易日志的三要素是"象、数、理"。

如果是纯粹的技术交易或者机械程式交易，那么拥有一款好的交易软件是关键，因为如果你正在使用的交易软件能够方便、全面地对你的交易数据进行分析和统计，那么这会让你很快看出问题所在。最大亏损是多少、平均盈利和平均亏损是多少、胜算率、账户净值最大回撤幅度等都是一款良好的交易软件能够提供的数据。

统计数据可以让我们看出一些致命的缺陷，如最大亏损幅度太大、账户净值回撤幅度过大等。统计数据只是告诉我们存在问题，如果你想要找出问题，并且解决问题的话，那么还需要更多的工夫和分析能力。

交易日志当中最好能够定期引用上述统计数据，我的习惯是每个月统计一次。因此，对于交易者而言，交易日志的第一要素是"数"，让数学告诉你什么地方存在问

题，这就是大数据决策的基础。很多人老是在寻找各种方法和秘诀，套路换了无数种，其实都是在绕圈子，原因在于没有数据说话，只是凭着几次结果就将一种方法彻底否定了。足够的样本数据可以让我们摆脱一孔之见和近期效应，因此，你在写交易日志的时候一定要定期进行统计。

为了得到某些交易数据，你需要记录你的交易过程，如进场点位、出场点位、止损设置、头寸数量、交易标的等。因为这些原始数据是基础，是进一步得出有益结论的基础。

交易的过程最重要的是决策，执行能力往往是后期努力的方向。因为好的决策是执行的基础，否则面对账户的持续大额亏损，谁也受不了。

决策必然涉及逻辑，我在系列讲义中建立的决策模型是以三个分析流程为基础的。具体而言就是驱动分析、心理分析和行为分析。当然，任何纯行为分析也不是无效，甚至只是简单地看盘面、炒单。

但是，你必然有一个逻辑。这个逻辑你也应该在日记中留下印记，对于日内交易次数频繁的炒单交易者而言，复盘的过程必然不能笔笔交易都仔细推敲，但是整体上你应该明白自己今天运用了哪些交易逻辑，整体结果如何。这就是交易日志的第二个要素"理"，交易中的逻辑你要写出来，为什么进场，为什么出场，为什么加仓，为什么减仓，为什么空仓，等等。策略迭代升级的对象就是理！

比较好的交易日志具备上述两个要素就够了，如果你想要进一步提高则可以注意第三个要素"象"。对于一日交易数量小于3次的交易者而言，最好能够将交易时行情走势和进出场位置图截屏，然后打印出来贴到交易日志中。用文字描述交易决策和执行过程存在很大的信息盲点，通过引入第三个要素可以使我们在以后重新阅读交易日志的时候收获更多。打印机是必备的，对于交易者的复盘和提高用处很大，能够高效率地帮助我们撰写交易日志。

总之，斐波那契交易法的迭代升级是必须的，因为存在"胜算率和风险报酬率成反比"和"市场和策略的周期性错配"规律。而日志是升级迭代的必要工具！

魏强斌

于蜀南竹海

2021 年 1 月 5 日

第二版前言
新金融易学：象、数、理

《斐波那契高级交易法——外汇交易中的波浪理论和实践》第一版于2009年由社会科学文献出版社出版，受到了广大外汇交易者的热烈追捧。作为交易实践的总结和反思，这本书对于我们自己的交易也有不少的促进作用，所谓教学相长，讲的正是这个道理。本书第二版在第一版的基础上做了不少修改和增补，也对此前没有讲清楚的"命门"进行了提醒。借着第二版的机会我们讲讲"新金融易学"，要讲清楚新在哪里就有必要讲一下什么是"金融易学"。

在《外汇交易圣经》中，我们介绍了一些探索者将易经占卜方面的工具应用到对行情走势的判断上，比如，通过六根连续的K线形成卦象，进而通过爻辞判断后续行情；通过运用摇卦的方式占卜等，还有运用节气、历法等做法。诸如此类，这些都是得了易学的形，而未能得易学的神。什么是易学运用的精髓所在？我们认为是"象、数、理"。

凡为易者，必然兼顾"象、数、理"，从这三个角度相互验证和推演，所以易学的基础在于在兼顾"象、数、理"的基础上体现阴阳之变。金融市场的阴阳之变直接体现为价格的涨跌，除此之外还有不少因素范畴都能够以阴阳来划分，比如K线的收敛与发散、行情分析与仓位管理、胜算率与报酬率，等等。这些范畴都是由对立统一的因素构成，无论何种因素皆可归纳为阴或者阳，而阴阳之变则可以同时体现为"象、数、理"三个维度。一阴一阳谓之道，市场运动体现为道，这个道可以从"象、数、理"三个维度去理解。

"旧金融易学"以工具为用，以器物为本体，而我们开创的"新金融易学"则以精神为用，以实质为本体。所谓形而上谓之道，形而下谓之器。凡有所相，皆是虚妄，执着于具体的器，必然流于虚妄。见诸相非相，则见实相，这就是从道入手。"新金融易学"以"象、数、理"为纲，所谓纲举目张，其余皆可为用，而不迷失要旨。

  市场之"象"在于"N"字结构，市场之"数"在于斐波那契比率，市场之"理"在于关键驱动要素，散之为三，合而为一，所谓道生一，一生二，二生三，三生万物。道者为趋势，趋势即是实相，一切波动看似迷乱，其实皆为实相所化。二者阴阳是也，价格上涨和下跌即为阴阳。三者，所谓市场波动的"象、数、理"三维度特征。"象、数、理"即可体现出战胜不复的复杂博弈特性。

  "N"字结构是市场之"象"，体现了最基本的市场结构，这就是三段论的发展，第一波意味着肯定，第二波意味着否定，第三波意味着否定之否定。而斐波那契比率则体现了市场之"数"，与市场之"象"是相互彰显的。"N"字结构的第二波是对第一波的回撤，而这一回撤的幅度往往符合斐波那契回撤比率的规则，"N"字结构的第三波是对趋势的延续，这一波的幅度往往符合斐波那契扩展比率的规则（见图 0-1 和图 0-2）。

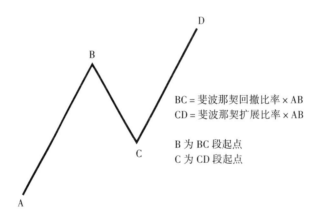

图 0-1　向上"N"字与斐波那契比率

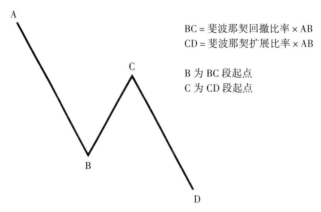

图 0-2　向下"N"字与斐波那契比率

　　"N"字形态是根本结构，斐波那契比率是根本比率，市场之道的"象"和"数"我们已然知晓，本书主要是围绕"数"这个维度展开讲解的，但是什么是市场运动的灵魂呢？这就是"理"。易学上有所谓"象数派"，但是真正易之大道必然不离于"理"，而"理"必然体现为"象、数"。空谈理学，理论必然无法落地，所谓知行合一必然体现为"象、数"运用。因此，"理"一方面统辖"象、数"，另一方面又需要"象、数"承载。所谓水可载舟，亦可覆舟，正体现了"象、数、理"三者的有机关系。那么，外汇市场波动的主宰是什么呢？风险偏好与利差走势！外汇市场的一切波动都可以归结为风险偏好与利差走势的预期波动。风险厌恶时，低息货币相对走强；风险追逐时，高息货币相对走强。

　　本书专门讲"数"，因此对于"象"和"理"没有太多顾及，运用中必须兼顾方能周全。斐波那契是"数"的核心，它的最大好处在于为我们提供了进场和出场的时机与点位，因此它是资金管理的基础。

　　新金融易学建立在"N"字结构、斐波那契比率和关键驱动因素之上，当你将这三者存乎于心时，自然可以运用之妙！

魏强斌

2016 年 4 月 28 日

前　言
神奇的数字和伟大的外汇交易者

在外汇市场中，我有一个深深的体悟，那就是外汇市场中没有唾手可得的利润，任何回报都是建立在对眼光和意志的考验之上。多年的外汇交易使得我对外汇市场日益敬畏，因为我深深地体会到了"市场不可预测"这个最无情的现实。这与正统波浪理论的观念存在冲突，也折射出了作为外汇实践者的我们与作为外汇研究者的他们之间的根本区别。无论是传统的艾略特波浪理论、加特力波浪理论还是斐波那契交易法都力图预测市场，精确化市场行为成了他们的主要目标，但是任何一个长期从事外汇实际交易的人都明白：It's impossible! 所以在本书的主体部分，也就是"推动/调整波浪交易法"部分，我们不会走这条非常不现实的路，我们会告诉你神奇的数字，这就是斐波那契比率，称为黄金比率更为适合，不过我们不会让你走入"金融玄学"和"交易理想主义"的藩篱。

一个伟大的外汇交易者在于其"业绩"是稳定的，这是首要要求，其次是要求其回报是客观的。一个伟大的外汇交易者必然具有系统的交易方法，这个交易方法首先要对"出场条件"有明确的界定，其次才是"进场条件"。"截短亏损，让利润奔腾！"这是技术交易的最高圭臬，无论是"截短亏损"，还是"让利润奔腾"都涉及"出场"的抉择。一个不入流的外汇交易者一来就会问我涨跌如何，一个三流的外汇交易者会问我市场趋势如何，一个二流的外汇交易者会问我进场位置在何处，一个一流的外汇交易者则会问我出场位置在何处，一个伟大的外汇交易者则完全不会问我，因为他深知任何交易都需要搞清楚"进场位置、出场位置和市场趋势"。在本书中，我们仍旧反对"死板地按照某一预测进行交易"，任何成功的外汇交易必然给自己留下"足够的回旋余地"，这就是"容错空间"，也可以称作"安全空间"。

斐波那契比率给予了我们"一定"的洞见，使得我们可以比普罗大众更好地了解汇价运行的位置和方向，提供了胜率和风险回报率上的优势，但是却并没有改变市场

"部分随机"的特定，所以我们在本书中提供的技巧必然不能满足"膨胀的自我要求"，掌握这套技术只能是日益敬畏面对的市场，"诚惶诚恐，如履薄冰"，这就是我们每天在显示屏前的心态。这个市场没有专家，只有赢家和输家，赢家是那些深知自己能力局限的人，而输家则是那些搞不清楚自己的人。一个伟大的外汇交易者最为明显的特征是"自知和自制"，其次才是"智慧"！

本书与《外汇交易进阶》和《外汇交易圣经》的根本区别在于，本书提供的是立即可以用于交易实践的系统和具体的方法，这里提供的方法可以独立提供整个交易流程所需要的所有决策，具体而言就是"确定进场和出场"。本丛书的架构如图0-3所示。

系统性外汇交易教程		专题性外汇交易教程	
全面继承式教程	《外汇交易进阶》	基本面交易教程	《外汇交易的内在规律》
		机械化交易教程	《外汇交易系统的最佳实践》
		波浪理论交易教程	《外汇交易中的波浪理论与实践》
全面革新式教程	《外汇交易圣经》	交易实战教程	《胜者无声》
		交易流程优化教程	《外汇交易的三部曲》

图0-3 帝娜外汇交易课程

本书的独特之处在于，只留下所有波浪理论的合理内核，做到"精简、有效"。艾略特波浪理论、加特力波浪理论的内核是斐波那契点位交易法，而斐波那契点位交易法直接用于市场的局限在于"往往忽略了市场趋势，同时提供的交易位置过多"。我们合理化了斐波那契点位交易法，采用我们的方法可以除去模棱两可的情况，做到在任何情况下都可以据此做出单一的决策，这套方法不会犯普通斐波那契点位交易法逆势交易的错误。图0-4就是整个神奇比率交易法的三阶段发展图，本书所有叙述的内容都是第三阶段的尝试。

比起艾略特波浪理论和加特力波浪理论，本书的方法具有更好的普适性，不会出现"千人千浪"的尴尬局面，能够交易每一个波浪，具有事前研判性，而不是事后回溯性；比起普通斐波那契点位交易法具有更高的可操作性，不会导致逆势而为的高抛低吸操作倾向，使得可供交易的点位减少。

第一阶段　理论化阶段	第二阶段　精简化阶段	第三阶段　合理化阶段
艾略特波浪理论（以"5-3模式"为主） 加特力波浪理论（以"蝴蝶模式"为主）	斐波那契点位交易法	高级斐波那契点位交易法
找到市场的结构，但是倾向于万能模型	取出各种市场结构的普遍一致内核，但是交易位置过多	对交易点位进行精简和对交易机会进行唯一化处理

图0-4　神奇比率交易法的三阶段发展

最后，大家记住，任何交易方法都有其局限性，这套方法也不例外，这就是外汇交易的现实，只有傻瓜才会认可"准确率高达90%以上"的神奇系统，"这个市场没有专家，只有输家和赢家"，这是我留给大家的唯一忠告！

目　录

基础斐波那契法

斐波那契交易对于普通交易者而言始终像蒙着神秘的面纱，对于不少外汇交易者而言，一项较为精确的入场定位技术价值不菲，而斐波那契交易法恰好能够提供精确入场以及出场的优势。

斐波那契交易法的范畴非常广阔，其涉及的内容纷繁复杂，采用斐波那契交易法的交易者不是很多，大师级别的人物则更少，这使得初学斐波那契交易法的"菜鸟"们不得其门而入。其实，斐波那契交易法主要基于**斐波那契数列和斐波那契比率**，在此基础上形成了各具特色的交易方法。在本章我们主要介绍斐波那契数列和斐波那契比率的简单运用，但是即使是这样结构较为简单的操作手法也是不少外汇交易者生疏的，反过来说单单掌握本章介绍的这些方法也会使得你在把握出场点时更加有效。

外汇交易涉及的问题主要是三个：第一，有效地假定汇率在操作时间段内的运行方向，这涉及"势"的问题，在《外汇交易圣经》和《黄金高胜算交易》中我们部分提到了这一问题的解决办法；第二，高效地判断潜在的进场和出场位置，这涉及"位"的问题，这个问题将在本书得到极为完善的解决；第三，根据当前的价格形态确认唯一的进场或者出场位置，并执行交易，这涉及"态"的问题。任何高效的交易必然在这三个要素上做出完整的判断，**"势位态"**贯穿了我

斐波那契数列中隐含了斐波那契比率。

三元地看待市场是我们的方法论基础，比如势位态、象数理、驱动—心理—行为等。

们所有的交易方法和体现了我们最根本的交易哲学。在本书中，我们主要介绍"位"的识别方法，同时希望大家能够结合蜡烛图的具体形态来确认这些潜在位置的有效性。

本章就是介绍关于"入场和出场潜在位置"的基本知识，第一节介绍的斐波那契数列是斐波那契交易法的数学基础，同时也是诸如隧道交易法的基础，实际上除了斐波那契数列之外，还有一个涉及交易的神奇数列，这就是卢卡斯数列，关于螺旋历法与此相关，不过我们在交易中很少使用涉及时间周期的技术，因为这类技术容易限制交易者灵活应对市场走势的能力，使得交易者陷入"预测市场走势"的误区。

本章第二节介绍斐波那契点位交易法的基础知识，这是使用最多的斐波那契交易方法，但是这类方法的使用最好结合蜡烛线，斯蒂芬·尼森也强调了这一综合研判的原则。这一节的知识和技巧将在后面的主体章节用到。大家应该通过实际操作来把握这一内容。

本章第三节介绍的是斐波那契汇聚，这种方法帮助交易者减少了潜在的进出场位置，可以很好地过滤一些备选位置。通过不共线性的技术来过滤交易信号，这是我们进场用到的方法，"势、位、态"的交易哲学其实也是从三个不同的角度来研判市态，但是不少交易者往往使用同一类型的指标来研究市态，这是费力不讨好的做法。

本章第四节是重点部分，在该节我们将通过18个具体的外汇交易实例来向你演示基本的斐波那契点位交易法。希望你能够熟练地掌握这一切。

任何真实的外汇交易中，止损都是必不可少的环节，找出潜在进场位置的一个重要目的是合理地设置止损，在本章第五节中，我们将向你介绍结合斐波那契点位合理设置止损的原则和方法。

下面就让我们来开始斐波那契交易法的神奇之旅吧。

第一节　斐波那契数字介绍

斐波那契数列是1，1，2，3，5，8，13，21，34，55，89，144……据说这是数学家莱昂纳多·斐波那契研究兔子繁殖时发现的一个神奇数列，似乎大自然在按照这个数列进行演化。对于斐波那契的历史典故我们已经忘得差不多了，也不想去介绍这些与交易关系不大的东西。一个斐波那契数列是由该数列相邻的前面两个数字得到的，比如 $3+5=8$，$5+8=13$，$8+13=21$。其实，要提到的斐波那契比率与斐波那契数列并没

有一一对应的关系，如果你以任何两个数字开始，然后按照这种叠加的方法都能得到一个前后相邻数字符合斐波那契比率的数列。

在外汇交易中，**斐波那契比率**进场被用于计算出场点和进场点，当如此众多的交易者使用这一比率进行交易时，使得这些位置附近进场出现强大的买卖力量，因此也就成了"自我实现式预言"效应点。那么斐波那契比率究竟是什么呢？它们对于交易有什么具体的意义呢？下面我们就来看看。

首先，我们来看看斐波那契比率是怎么得出的。我们从斐波那契数列中抽取一段："13，21，34，55"，然后进行下列计算：

13/21=0.618 或者 61.8%

34/55=0.618 或者 61.8%

34/21=1.618 或者 161.8%

55/34=1.618 或者 161.8%

21/55=0.382 或者 38.2%

13/34=0.382 或者 38.2%

0.618 的平方根是 0.786

1.618 的平方根是 1.27

在外汇交易中比较关键的斐波那契比率（又称斐波那契点位）如下：

0.382　38.2%

0.500　50%

0.618　61.8%

0.764　76.4%

0.786　78.6%

1.27　12.7%

斐波那契比率又被称为黄金率。某些交易者将圆周率与黄金率并称为两大金融市场神奇比率。

1.618   161.8%

2.618   261.8%

注意上面**的 0.764**，这个比率在 MT4.0 上有提及，在各类外汇交易书籍和分析工具中大多有涉及，它是由 0.382×2 或者是 1–34/144 得到的，汇价也时常在这个点位获得支撑或者受到阻力。

除了这些比率，斐波那契数字也经常在外汇交易中直接得到运用，比如时间周期运算，在本书的第六章我们介绍用斐波那契数字做交易的方法。在本节快要结尾的时候，我们推荐大家阅读比尔·威廉姆的《证券交易的新时空》，他的鳄鱼组线闻名交易界，在 MT4.0 软件上有这一交易系统的模板，大家可以尝试，该系统的关键部分，也就是鳄鱼组线是参数分别为 **5、8、13** 的三条平移移动均线，这三个数字恰好是斐波那契数字。关于威廉姆的这种斐波那契数字交易法，在附录给出了根据他的交易理论设计的交易表格，这里我们不再重复这位大师专著中提到的方法，如果你想知道如何使用这一表格，请阅读这位大师的著作。

第二节　斐波那契点位交易法

在外汇交易中，斐波那契点位是一个非常强大的工具，它们可以单独使用，最好是和其他工具结合起来使用，比如蜡烛线和震荡指标。我们推荐你将斐波那契点位交易与蜡烛图形态技术结合起来使用，通过两种不共线性的技术来获得更加高效的进出场信号。看涨的蜡烛图形态包括看涨吞没、早晨之星、双底等，而看跌的蜡烛图形态则包括看跌吞没、黄昏之星、双顶等。我们将在本章的第四节结合具体实例来示范这种结合了蜡烛图形态的斐波那契点位交易法，这种方法也与帝纳波利的斐波那契点位法相区别，在帝纳波利的点

位交易法中，他采用震荡指标等来过滤斐波那契点位信号。

在本节介绍的斐波那契点位交易法可以用于任何时间框架，从 5 分钟图到周线图。理想状态下，当你采用斐波那契点位交易时，应该回顾交易平台上每个时间框架下的显著高点和低点，通常你需要回顾 1 小时图、4 小时图、日线图和周线图上的关键高低点。毕竟在不同的时间框架上都有交易者在使用斐波那契点位交易法，我们在第三节要提到的斐波那契汇聚就是利用不同时间框架上斐波那契点位的重叠来提供高质量的信号，当斐波那契汇聚发生在某一价位附近时，这一价位的交易意义就变得极其重要。还有一种汇聚是斐波那契点位和普通的支撑阻力线重叠。

斐波那契点位分为两个基本类型，即斐波那契回撤点位和斐波那契扩展点位。就安全空间而言，回撤进场比突破进场更为安全，见位交易比破位交易更为稳妥。主要的斐波那契回撤点位是：

38.2%、50%、61.8% 和 76.4%（或者是 78.6%），有些也达到 23.6%。

通常而言，越是小的时间框架我们用的回撤点位就应该越少，因为在较小的波段中使用过多的点位，则对于交易指导毫无意义。在日内框架，特别还是 1 小时以下的交易分析中，一般只采用 **38.2%、50% 和 61.8%** 三个点位。总的原则是你必须在可操作性和有效性两者间寻求均衡，通过增加点位，你可以提供方法的有效性，涵盖可能出现的绝大多数情况，但是却丧失了可操作性。当汇价接触到上述这些关键点位后通常都会出现某种程度的回撤，甚至转势。不过正如我们在《外汇交易圣经》中反复提到的一样，外汇交易是概率游戏，所以这些回撤并不一定是非常精确地在某些点位出现。举例来说，汇价可能在 50% 和 61.8% 之间的某个位置开始反弹。汇价会达不到某些点位就开始回撤，或者会突破某些点位而没有回撤现象。通常而言，61.8% 和 76.4% 之间的地带通常是汇价回撤点位带。如图 1-1 所示，当汇价回调到 C 点附近，

当你采用的点位太多之后，必然迷失在技术之中，犹豫在进场和观望之间。

并且出现了其他确认企稳的信号时，我们就可以介入交易了。斐波那契点位交易法的难点在于知道哪一点位是有效的。

根据图 1-1 我们先来看看如何在上升趋势的回撤中做多，当汇价从低点 A 上升到波段高点 B 之后回撤到 C 点，该点位于斐波那契 61.8% 的水平，C 点处的价格线恰好是一个看涨信号，则我们可以在此处进场做多。

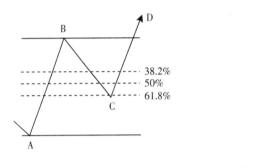
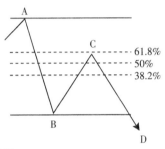

图 1-1   回撤中的进场

再来看下跌趋势的反弹中做空，当汇价从高点 A 下跌到波段低点 B 之后反弹到 C 点，该点位于斐波那契 61.8% 的水平，C 点处的价格线恰好是一个看跌信号，则我们可以在此处进场做空。

在这些关键点位处出现的蜡烛图反转形态非常可靠，推广开来也就是说在**阻力和支撑线附近出现的蜡烛图形态发出的信号具有更高的可靠性**。反过来说，当这些斐波那契关键回撤点位出现了反转蜡烛图形态时，则进一步提高了这些回撤点位发出信号的可靠性。在外汇交易中，双顶和双底通常出现在斐波那契 0.618 回撤点位或者是 1.382 扩展点位。关于斐波那契扩展点位的知识和交易技巧，我们将在后面的章节予以详细讲解，下面我们先初步示范一下斐波那契回撤点位的运用技巧。

请看图 1-2，这是英镑兑美元的 4 小时走势图，汇价从波段高点 A 下跌到波段低点 B，然后发生了反弹，我们以 AB 为单位 1 进行斐波那契回撤点位的设定，关于 MT4.0 上斐波那

支撑线和阻力线代表着"位"，K 线形态代表着"态"。

契回撤点位的设定比较简单，如有不懂可以到 www.520fx.com 观看相关视频演示。在下例中，我们得出了 23.6%到 76.4%等几条比较重要的斐波那契回撤线，或者说分割线。请注意，在点 C 处汇价出现了继续下跌走势，此处恰好也出现了十字星（准确说是黄昏之星的变形，具体可以参看《黄金高胜算交易》一书的"敛散形态分析理论"部分的介绍）看跌走势，所以理论上而言这是一个很好的做空点，严格来讲是**见位做空点**（关于见位交易和破位交易的知识和技巧，具体可以参看《外汇交易圣经》一书），这是一个下降趋势中采用斐波那契回撤点位进行交易的例子。

见位做空与反弹做空类似。

图 1-2　英镑兑美元的 4 小时走势图

接下来我们再来看一个上升趋势中利用斐波那契回撤点位进行做多的例子。请看图 1-3，这是欧元兑日元的 4 小时走势图。汇价从波段低点 A 点上升到波段高点 B 点，然后出现了下跌，在 C 点处止跌，C 点处恰好是斐波那契 23.6%的回撤点位，同时请注意这里出现了一个近似早晨之星的蜡烛图形态，这是一个看涨形态，由于低点抬高，所以趋势向上（这

是《外汇交易圣经》中所谓"势"的判断），由于 C 点处是斐波那契回撤点位，所以我们找到了潜在的**进场做多的位置**（这是《外汇交易圣经》中所谓"位"的判断），同时由于 C 点处出现了看涨的蜡烛线形态进而确认这一点位的有效性（这是《外汇交易圣经》中所谓"态"的判断），综观"势、位、态"三要素，此处可谓具备了进场做多的一切条件，只需要在仓位管理和资金调拨，以及交易计划上进一步细化则可以大胆进场。

见位做多与回调做多类似。

图1–3　欧元兑日元的 4 小时走势图

　　任何交易都是由"进、出"两个步骤来完成的，看过《黄金高胜算交易》的读者应该知道我们把出场放在最重要的位置，任何亏损的交易只有通过及时止损才能防止亏损扩大，**任何盈利的交易只有给予行情充分的发展才能让利润奔腾**。交易的秘诀是一句话："截短亏损，让利润奔腾！"其实，无论是截短亏损，还是让利润奔腾都落实于一个"出场"。所以，知道如何出场才是交易的"秘中之密"，有很多书教你如何进场，但是却几乎找不到几本书教你如何出场，不能及时出场，

如何能够让亏损截短，不能合理出场，如何能够让利润奔腾。所以，出场的方法和要诀是"不传之秘"！

我们在本书中会讲到不少出场的方法，不过更加具体的运用需要你结合外汇交易实践去体悟，"运用之妙，存乎一心"。谈到斐波那契点位进场，很多读者一定急于知道如何利用这一方法出场。请看图1-4，这是一个上升走势，这一走势的把握需要"一进一出"，进场在C点，出场在D点，现在的关键是如何确定C点和D点。我们这里先讲理论，然后在后面的课程中你会逐步学习和体会到更加现实的方法。

震荡走势中如何对待利润？你又如何知道当下的走势是震荡还是单边？

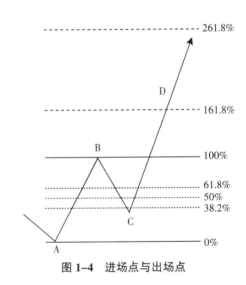

图1-4 进场点与出场点

无论是出场目标点D，还是进场点C，都可以通过一系列计算得出几个潜在备选点位，然后再通过其他技术分析手段予以确认（主要是蜡烛线形态）。

表1-1是计算备选进场点位C和备选出场点位D需要用到的基准。不过，绝大多数分析软件，比如MT4.0和VT都提供了这类画线工具，当你确定A、B两点后可以直接画出你需要的回撤点位和扩展点位。不过，作为一个初学者，你还是应该把基础打牢，熟悉表1-1给出的计算流程。

表1–1　计算备选进场点位C和备选出场点位D

斐波那契点位（%）	C点和D点的备选点位
38.2	$C1 = (B - A) \times 0.382 - B$
50	$C2 = (B - A) \times 0.5 - B$
61.8	$C3 = (B - A) \times 0.618 - B$
78.6	$C4 = (B - A) \times 0.786 - B$
100	$D1 = (B - A) \times 1 + A$
127	$D2 = (B - A) \times 1.27 + A$
161.8	$D3 = (B - A) \times 1.618 + A$
200	$D4 = (B - A) \times 2 + A$
261.8	$D5 = (B - A) \times 2.618 + A$

象数理中的根本大象就是"N"字结构。

更适合行情的做法是复合头寸。

随着交易经验的积累，你会增加和删除其中的某些备选点位，比如你可能会增加23.6%和76.4%，剔除78.6%，如此等等。任何具体的交易方法都不是死板的，只要你找到了这样操作的理由，并找到充足事实否认这一理由，你都可以修改具体做法。这里需要提醒你的是：不少外汇市场中的赚钱的机会都来自对上述"N"字走势的把握，对于A、B、C、D四点的确定，你应该学会利用A、B点来确定C点和D点。当然，就我们的交易实践而言，我们主张多用斐波那契回撤点位进场，少用斐波那契扩展点位出场，我们不太赞成目标点位出场法，**不太赞成"止盈"的提法和做法**。

那么，如何判定一段汇价波动是否是回撤呢？理论上我们会看这段汇价走势是否与先前的主要运动方向一致。但在实际操作中，我们如何判定所谓的主要运动方向呢？一般我们通过所谓的"N"字法则，也就是如果最近一段价格呈现上升的"N"字，则主要方向往上，当下的价格下跌就被当作回撤，除非汇价创下一个向下的"N"字；最近一段价格呈现下跌的"N"字，则主要方向往下，当下的价格上涨就被当作回撤，除非汇价创下一个向上的"N"字（关于利用"N"字法则判断趋势的具体方法请参看《黄金高胜算交易》一书）。

如果汇价逆着主要方向运动，交易者必须注意其在38.2%、50%、61.8%或者78.6%等斐波那契点位的波段反转信号。我们需要注意整固和真正波段反转的区别，请看图1–5。

汇价一路上涨到 A 点，此前汇价不断走出向上的"N"字，A
点之后开始下跌，在 B 点附近汇价呈现整固走势，所谓整固
走势大多是多根价格线在某一价格区域横盘，通常是"顶着"
或者"压着"某一支撑和阻力线横盘，这通常预示着价格会
继续此前的运动，B 点就是这种情况。然后汇价继续下跌到 C
点，汇价一接触 0.618 斐波那契点位就立即弹起，表明此处的
支撑存在，而且同时出现了看涨的蜡烛形态：早晨之星。在
B 点处是 0.382 斐波那契回撤点位，此处是整固，而在 C 点处
是 0.618 斐波那契回撤点位，此处是真正的回升，区别在于一
个是"**压着**"走，另一个是"**触之反弹**"。这里还需要顺带提
醒的是前期的成交密集区的延伸支撑线也在 0.618 附近，请看
图 1–5。

*所谓的"压着走"就是
"顶位进场"机会。*

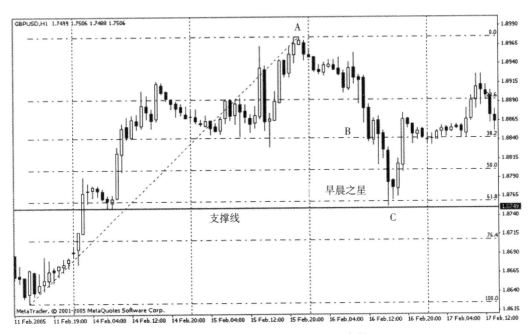

图 1–5　真正的支撑阻力线与整固走势

第三节　斐波那契汇聚

在第二节的最后一个例子中，我们提到了一般水平阻力线和斐波那契点位处于同一价位附近的情况，这可以看成是几个信号的叠加或者说汇聚。在本节，我们向大家介绍与此类似的**"斐波那契汇聚"**。通常我们会将重要的斐波那契回撤点位和扩展点位标出，然后寻找两个或者两个以上点位出现在同一价位附近的情况，这就是"斐波那契汇聚"。当"斐波那契汇聚"出现时，汇聚价位成为反转点的概率升高了，可以为我们带来极高的胜率，不过即使如此我们也不应该只参看斐波那契点位，而忽视了触及该点时蜡烛线的形态。

当两个或者是两个以上的斐波那契点位在一个价格附近密集出现时，就被定义为斐波那契汇聚。举例来说，如果我们从一系列不同规模的主升浪中做出了一系列斐波那契回撤线谱，发现有 0.382、0.5 和 0.618 三个不同规模的斐波那契点位都位于同一价位附近，这一现象就是斐波那契汇聚。当然，斐波那契汇聚也可能是某一斐波那契回撤点位与斐波那契扩展点位重叠。

请看图 1-6，下面分别做出了两组斐波那契点位线。在 A 点处，0.618 和 0.382 斐波那契点位汇聚；在 B 点处，0.382 和 0.236 斐波那契点位汇聚；在 C 点处，0.618 和 1 斐波那契点位汇聚。汇聚处如果出现了反转的蜡烛线形态，则确认这些点位的有效性，可以进场操作。

斐波那契汇聚是同种技术指标的交互验证。

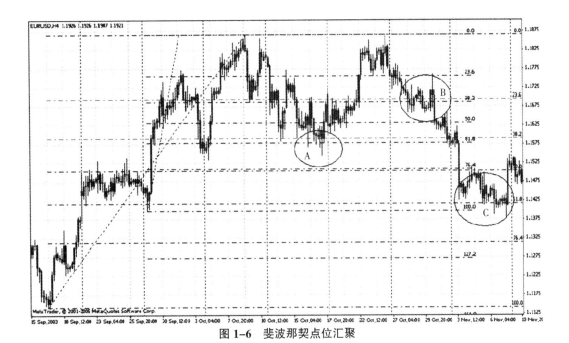

图1-6　斐波那契点位汇聚

第四节　基础斐波那契法示范

　　在本节中，我们将向你示范斐波那契点位交易法的基本技巧，希望你能够从这些技巧中找到助你成为一个顶尖外汇交易者的门道。请看第一个例子，是英镑兑美元的30分钟走势图，以AB段为单位1进行斐波那契点位分割，在76.4%回撤位置出现了早晨之星，蜡烛形态确认了此斐波那契点位的支撑，我们可以在C点处做多。图1-7中的买进点在76.4%回撤点处（标注为23.6），这是一个经常在英镑兑美元走势中发挥作用的斐波那契回撤点位。

　　在上面这个例子中，退出点在D，因为此处是**不严格的斐波那契扩展点位161.8%**（严格的做法应该是以C点为起点，AB段为单位1进行扩展），更为重要的是一个看跌吞没确认了这一位置的有效性，从而使得我们应该在这里平掉多

所谓的"不严格斐波那契扩展点位"，另一种说法是"斐波那契外回撤点位"。

图 1-7　英镑兑美元的 30 分钟走势图

头仓位。现在有另外两个技巧在上面这个实例中，第一个技巧是 A 到 B 这段走势，其实在 E 点处有回调，形成了一个上升 "N" 字，判定趋势向上，所以将 BC 段的走势看作回撤走势。第二个技巧是 C 点处的价位同时处在前期成交密集区处，前期成交密集区形成的支撑线恰好与 0.764 点位重叠，形成一种特殊的斐波那契汇聚关系。

我们来看第二个斐波那契点位交易法的实例，请看图 1-8，这是英镑兑美元的 4 小时走势图。图中有两段标注为 AB 的走势，我们先后以这两段 AB 为单位 1 进行斐波那契点位分析。

在第二个 B 点处，也就是 0.618 出现了看跌吞没形态，如果你在第二个点处开始做多，则此时应该平仓出场。此后价格在 C 点出现看涨吞没，同时该点位于 0.236 回撤点位和 0.618 回撤点位的汇聚处，1.618 和 2.618 是两个非标准斐波那契扩展点位，保守的交易者可以在此两个价位出现价格盘整时出场，不过我们建议最好等待蜡烛线出现反转形态确认这些关键点位的阻力有效再出场。需要注意的是，在 E 点处出现了非标准斐波那契扩展点位的汇聚。这里需要区分的一点是：标准的斐波那契扩展是以 AB 为单位 1，以 C 点为起点绘制出来的；非标准的斐波那契扩展是以 AB 段为单位，以 A 或者 B 为起点建立起来的。通常而言，我们使用标准的斐波那契扩展点位，但是本例中我们采用的是非标准斐波那契扩展，不过两者其实有很多点位是重合的。运用非标准斐波那契扩展点位比较方便，在采用 MT4.0 的斐波那契回撤线画线工具时可以

图1-8 英镑兑美元的4小时走势图

一并画出。

下面我们来看第三个实例，图1-9是英镑兑美元的4小时走势图。以AB段为单位1进行斐波那契回撤点位计算和非标准扩展点位计算。在C点处，这是斐波那契0.382回撤点位，同时出现了一个看涨吞没形态确认了此处点位支撑的有效性，所以我们可

图1-9 英镑兑美元的4小时走势图

以在此点进场做多。在 D 点处，我们可以考虑出场，因为这里出现了非标准的黄昏之星形态，确认了**非标准斐波那契扩展点位 1.618**。

接着看第四个实例，图 1-10 是英镑兑美元的 4 小时走势图，以 AB 段为单位 1 绘制斐波那契回调点位。汇价反弹到 C 点处出现了非标准的黄昏之星形态，确认了 0.5 斐波那契点位阻力的有效性，因此我们应该在 C 点附近进场做空。然后可以在 D 点或者 E 点选择退出。E 是一个较 D 点更好的退出位置，因为该点位得到了非标准早晨之星的确认。

非标准扩展点位又称外回撤点位，后面不再赘述。

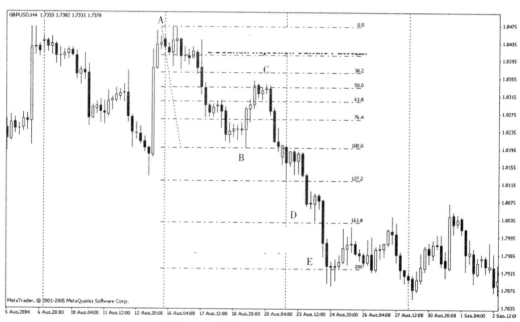

图 1-10　英镑兑美元的 4 小时走势图

下面看第五个实例，图 1-11 是欧元兑日元的 30 分钟走势图。C 点位于 0.5 回撤点位，汇价碰到这一水准后出现了类似黄昏之星的形态，确认了这一点位的阻力作用，于是我们应该在此处做空。当汇价跌到 D 点时，在 1.618 点位处出现了看涨吞没形态，确认了这一位置支撑的有效性，因此我们应该在此处平掉空头出场。

请看实例六，图 1-12 是英镑兑美元的 30 分钟走势图，这个实例同上面一个实例比较相似。汇价从 A 点上升到 B 点，

然后回撤到了 C 点，进行了一个幅度为 0.764 的回撤（标注为 0.236），同时出现了一个早晨之星形态。当蜡烛形态确认了这一位置支撑有效时，我们就可以介入做多了。在 D 点处，

0.236 与 0.764 是一对斐波那契常见比率，好比 0.382 与 0.618。

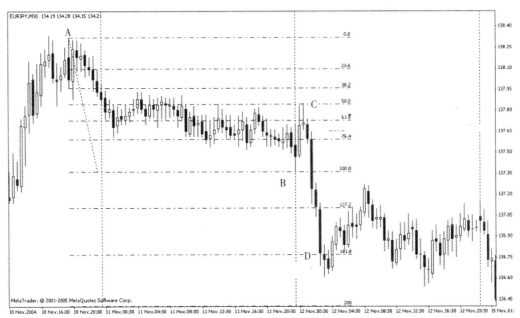

图 1-11　欧元兑日元的 30 分钟走势图

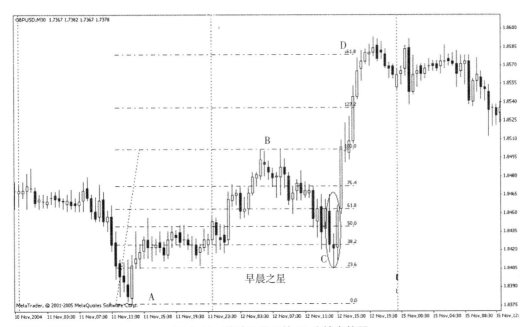

图 1-12　英镑兑美元的 30 分钟走势图

非标准斐波那契扩展点位得到了看跌吞没的确认，于是我们退出多头交易。

下面请看实例七（见图1-13），在B点处汇价形成了小双顶走势，在第二个顶部出现了黄昏之星，确认了前一顶部阻力的有效性，这是一个做空的机会。我们只是在这里随便提一下，关键的是看此后如何利用斐波那契点位进行交易。汇价从B点回落到C点，C点处**早晨之星**，确认了0.618点位（图中为了方便画出非标准斐波那契扩展点位，以A为0点，而不是以B为0点，本节基本如此）支撑的有效性，同时要注意的是前期成交密集区构成的支撑线也在此价位附近。于是，我们可以在C点介入做多。初始停损应该放在0.618点位（图中画线为0.382）下方。在D点处平仓并不是一个稳妥的做法，因为此处并没有蜡烛反转形态确认有效。

早晨之星和黄昏之星是确认能力非常强的K线形态，除此之外还有看涨吞没和看跌吞没、锤头和流星。

图1-13 英镑兑美元的1小时走势图

请看实例八（见图1-14），当汇价回撤到C点时出现了早晨之星，确认了此处0.618（图中画线为0.382）回撤点位的支撑有效，于是我们进场做多，同时前期成交密集区形成

的一条支撑线也得到了此早晨之星的同时有效确认。于是，我们在 C 点进场做多。当汇价升到 2.00 点位时，出现了黄昏之星，我们应该出场平仓，虽然此后汇价继续上升，并在2.618 点位处出现了黄昏之星，我们也不能否认 D 点退出的必要性，至少应该在 D 点减仓，然后在 F 点完全退出。

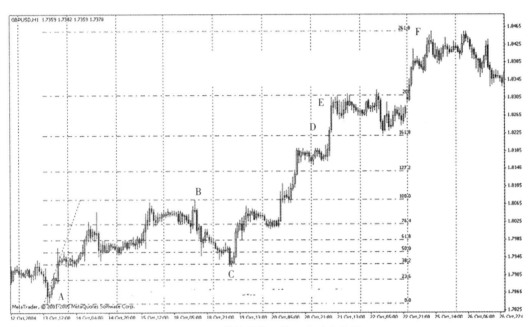

图 1-14　英镑兑美元的 1 小时走势图

　　请看实例九，图 1-15 是英镑兑美元的 4 小时走势图。汇价从 A 点上升到 B 点，B 点恰好处在前一波段 0.618 回撤点位，同时出现了看跌吞没，所以如果你在此前做多，应该在B 点及时平掉多头，转而做空，C 点也是类似这样的情况。

　　请看实例十，图 1-16 是美元兑日元的 30 分钟走势图。汇价从 A 点上升到 B 点，然后出现了回调。以 AB 段为单位 1画出斐波那契回撤点位和非标准扩展点位。当汇价跌到 0.618点位（图中标注为 0.382）时，出现了看涨的蜡烛图形态——**刺透形态**（关于刺透形态的基本定义可以参见《外汇交易圣经》附录的蜡烛图词典或者是斯蒂芬·尼森的相关专著），由此确认了 C 点进场做多的意义。在 D 点和 E 点处汇价获得了

刺透形态和乌云盖顶是成对的 K 线形态。

前期高点 B 点提供的支撑，并得到了蜡烛图看涨形态的确认。按照真实的交易流程，早在触及图中 1.272 点位时就应该退出，至少减少部分多头仓位，然后在 G 点了结可能剩下的多头仓位。

图 1-15　英镑兑美元的 4 小时走势图

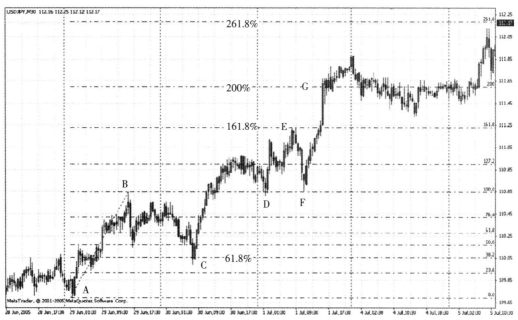

图 1-16　美元兑日元的 30 分钟走势图

请看实例十一，图 1-17 是**欧元兑美元日线走势图**。汇价从 A 点下跌到 B 点，然后反弹，以 AB 段为单位 1 画出斐波那契回撤点位和非标准斐波那契扩展点位。当汇价反弹到 0.764 点位（图中画线为 0.236）时，出现了看跌吞没形态，确认了这一点位的阻力有效，于是我们进场做空。当汇价跌倒 D 点时，出现了整固形态，也就是压着 1.618 点位运行，这种情况并不是出场的合理位置，应该继续观望。

欧元兑美元是交易量最大的汇率，其走势非常符合各种经典的技术模型。

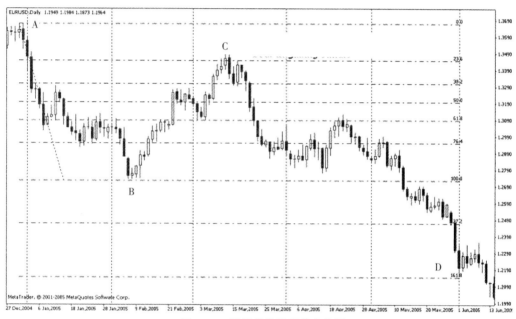

图 1-17　欧元兑美元日线走势图

请看实例十二（见图 1-18），汇价从 A 点下跌，到 B 点止跌反弹，到 C 点出现黄昏之星，确认了 0.764 回撤点位（图中画线为 0.236）的有效性，于是我们应该在 C 点附近进场做空，初始止损设置在 0.236 画线之上。此后汇价反弹，但是没有触及止损，然后继续下跌，到 0.764 画线处出现了看涨吞没，我们应该全仓退出，或者退出部分仓位。

请看实例十三，图 1-19 是英镑兑美元日线走势图。注意其中的三组斐波那契线谱，请注意其中的整固点和反转点，有三个反转点都处于 0.764 点位处。根据我们的一个统计，在英镑兑美元从 1 小时到日线的各级走势图中，**0.764 是最为重**

一般而言，0.618 是最重要的，但是具体品种有差别。

要的一个点位，而不是一般理论书籍上宣传的 0.382、0.618 以及 0.5。

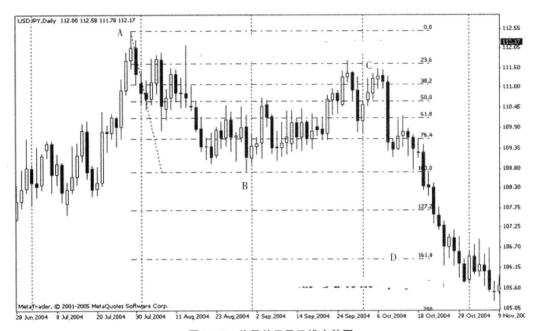

图 1-18　美元兑日元日线走势图

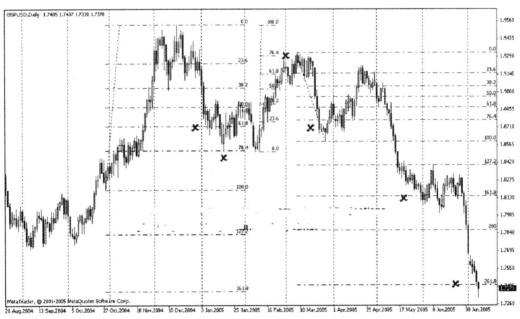

图 1-19　英镑兑美元日线走势图

实例十四，图 1-20 是英镑兑美元的 1 小时走势图。图中画出了两组斐波那契线谱，请注意在那些反转点处，蜡烛线形态对斐波那契点位的确认，特别是 C 点。

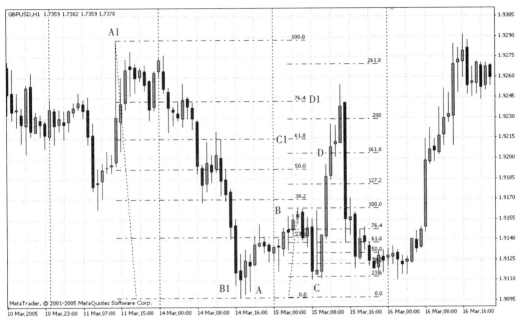

图 1-20　英镑兑美元的 1 小时走势图

我们来看看如何利用斐波那契回撤点位进行反弹交易，请看实例十五，图 1-21 是欧元兑英镑日线走势图。当汇价跌到一定程度出现了反转蜡烛图形态时，我们可以轻仓小止损进场做多，比如图中的 B 点，这里出现了早晨之星形态，虽然还处在下跌走势中，但是我们轻仓介入做多，同时设置更加严格的止损。此后汇价走高到 0.5 回撤点位出现了整固形态，然后小幅度下跌，在 0.382 画线处以看涨吞没形态止跌回升，一直涨到 0.764 画线处（也就是 0.764 回撤点位）出现了看跌吞没，于是我们退出反弹交易。需要提醒大家的是，**这种交易需要轻仓和严格止损，并且不适合那些连顺势交易都还未掌握透彻的外汇交易者。**

加仓交易需要从日线趋势入手。

图 1-21　欧元兑英镑日线走势图

请看一个将顺势交易和反弹交易结合起来的操作实例，这是我们第十六个实例，图 1-22 是欧元兑日元日线走势图。汇价从 A 点跌到 B 点，然后强力反弹，到 0.618 回撤点位（图中第一处 0.382 画线处）出现黄昏之星，我们因顺势介入做空，持仓途中有

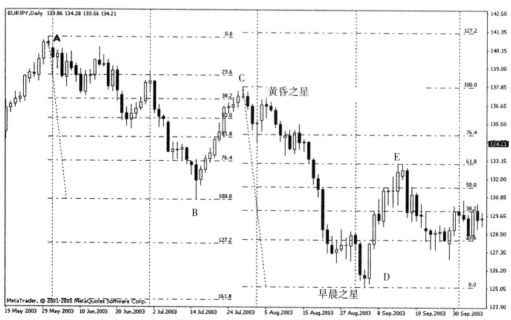

图 1-22　欧元兑日元日线走势图

不少出场信号我们都可以采纳，可以在第一个出场信号处平仓，也可以逐步减仓。当欧元跌到 D 点处，出现了**早晨之星形态**，我们轻仓小止损介入做多，如果还有空头应该平掉一切空头头寸。此后汇价反弹到 0.618 点位处出现了黄昏之星形态，于是我们平掉此前多头，开立空头头寸，由于是顺势交易，所以止损可以放得稍宽一些，仓位可以稍大。

请看第十七个实例，图 1-23 是欧元兑日元 15 分钟走势图。汇价在 AB 段呈现下跌走势，反弹到 C 点，在 A 点水平线附近出现了黄昏之星或者说看跌吞没十字星的蜡烛线形态，确认了 A 点水平线阻力的存在，因此进场做空。之后汇价下跌到 161.8 非标准斐波那契扩展点位出现整固走势，下跌到 2.618 非标准斐波那契扩展点位出现看涨吞没形态，我们应该退出空头交易。这里需要强调的一点是斐波那契回撤点位度量的终点和起点，也就是**1 点和 0 点水准也是非常重要的支撑阻力位置**，其实也就是前期高点和低点形成的支撑阻力原理在斐波那契点位交易法的具体体现。

早晨之星中间如果出现锤头，或者黄昏之星中间如果出现流星，则信号可以早一根 K 线，不必等到早晨之星和黄昏之星的完全形成。

《高抛低吸》一书中我们专门针对 A 股市场中的 1 点和 0 点水准进行了全面而透彻的阐述。

图 1-23　欧元兑日元 15 分钟走势图

英镑兑美元的波动幅度较大，而欧元兑美元的点差较低。两者都是短线交易者的偏爱。

我们来看最后一个实例，图 1-24 是我们日内交易最频繁采用的汇率——**英镑兑美元**的小时走势图。汇价从 A 点下跌到 B 点，然后反弹，到 0.618 回撤点位（图中 0.382 画线处）出现了看跌吞没十字星形态，于是我们在 C 点进场做空，然后汇价一路下跌到 D 点出现了类似底部三星构成的非标准早晨之星形态，确认了 1.618 支撑的有效性，于是我们退出空头交易。

图 1-24 英镑兑美元的小时走势图

第五节　止损点的设置

初始止损、跟进止损和见到具体信号出场是相互补充的。

止损是出场的根本，我们赞成的出场方式都是以初始止损和跟进止损的方式出场。对于那种所谓达到盈利目标或者价格目标**不加思考的出场方式我们不太赞同**，那种方式往往不符合市场走势的实际情况，过于主观，不符合顺势而为的原则，往往是截短利润的做法。

外汇市场是一个波段剧烈的市场，杠杆的引入使得外汇交易的风险非常大。几分钟内发生超过 100 点的"数据行情"几乎月月都有发生，特别是财政部或者银行发表了重要的言论或者进行了实质的干预。在外汇市场中，美联储主席的言论最具影响力，涉及美元的利息变动趋向将显著影响直盘汇率的走势。外汇交易者必须在入市的同时为自己定下明确的出场条件，这一条件必须是必要而充分的。当你准备退出市场时，你必须是依据事先定好的条件得到的结论，而**不是"灵机一动"的决定**。计划你的交易和交易你的计划，交易计划无外乎"进、出、加、减"四个字，也就是"进场、加仓、减仓、出场"四个环节，减仓和出场涉及止损问题。

止损点的设置要考虑三个问题：第一，在关键的支撑阻力位置外侧设置止损，通常而言就是在做多的时候将止损设置在支撑下方，在做空的时候将止损设置在阻力上方；第二，尽量避免因为市场噪声触及止损，引发不必要的出场，通常而言止损应该设置在布林带的外轨外侧；第三，应该将持仓的最大损失控制在 8% 以内，最好是 2%。这就是我们外汇交易设置止损的诀窍。无论是初始止损还是跟进止损，我们都以几乎同样的方法设置。如果市场一来就证明我们是错误的，那就触发了初始止损；如果市场开始证明我们是正确的，后来转为表明我们是错误的，那就触发了跟进止损。我们内部交易员之间交流的时候没有"止盈"一说，不会说"cut profits"！

不过，在进行任何一笔交易的时候，还是应该对盈利前景有一个大体的保守估计，至少应该是风险和潜在回报比应该在 1：1.5，如果你冒 20 点的风险，那么你就应该保证只做那些根据可靠经验可以提供 30 点保守利润的交易。斐波那契点位为我们提供了唯一的进场位置和备选的出场位置，我们可以据此大致算出潜在的风险报酬比率。当然，我们很少用斐波那契扩展，因为我们通常不想去猜测市场会走多远，仅仅是"跟随"。所以，不用止盈，而用跟进止损，等市场回头

等待价格进入你预定的信号触发区域，这个时候的交易往往是理性的。

再"stop"！跟进止损刚开始跟初始止损一样大，然后会逐渐扩大幅度，因为随着浮动盈利扩大，你就有了更多的回旋空间来追逐利润。

总而言之，对于斐波那契点位交易法，我们提出下列忠告：

第一，用斐波那契回撤点位进行顺势交易，少用斐波那契扩展点位进行逆势交易。

第二，多用斐波那契点位设置初始止损点和跟进止损点，少用斐波那契点位设置止盈点。

第三，利用斐波那契点位估计保守的风险报酬比率，用于判断是否开启一笔交易。

斐波那契法深入

在上一章，我们主要介绍了斐波那契回撤线为主的斐波那契点位交易法，这是我们用得最多，也是外汇市场上最为普遍和有效的斐波那契交易法。这套方法也是最简单易学的方法，在《外汇交易进阶》一书中我们也粗略介绍过这一方法。斐波那契比率是一个自然界的演化数字，意大利数学家斐波那契在**研究埃及吉萨大金字塔的时候发现了这一比率**，这一比率也体现在斐波那契数列中。在本章中我们将介绍斐波那契点位交易法的绝大部分基本工具，具体而言就是斐波那契弧线、斐波那契扇形、斐波那契回撤线、斐波那契扩展线以及斐波那契时间周期线。所有这些斐波那契点位交易法的基础工具都可以从 MT4.0 的画线工具中直接采用。

另外一种说法是研究兔子繁衍的时候，发现了斐波那契数列，进而才发现这一比率。

第一节　外汇交易中的斐波那契弧线

斐波那契弧线是运用确定的趋势线上两点来创建的。然后三条弧线均以第二个点为中心画出，并在趋势线的斐波那契水平：38.2%、50%和61.8%交叉。预期这些线附近会出现大幅度的价格变化。当然，在 MT4.0 中你可以自己设定具体的水平，你也可以设定出 23.6%等水平，这个根据你的需要

就我们的经验而言，斐波那契弧线并不好用。

而定，斐波那契弧线提供了一种关于支撑阻力的视角，最好的方法是和蜡烛图分析技术结合起来使用。图 2-1 和图 2-2 分别是上升趋势中和下降趋势中斐波那契弧线的画法示范。

图 2-1　上升趋势中斐波那契弧线的画法示范

图 2-2　下降趋势中斐波那契弧线的画法示范

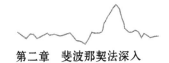

第二节　外汇交易中的斐波那契扇形

斐波那契扇形线是运用确定的趋势线的两点来创建的。通过第二点画出一条"无形的（看不见的）"垂直线。然后，从第一个点画出第三条趋势线，并与斐波那契水平：38.2%、50%和61.8%的无形垂直线交叉。**预期这些线附近会出现大幅度的价格变化。**在 MT4.0 中，你可以自行设定该扇形的水平，同时我们建议你用蜡烛形态来验证这些关键水平的支撑阻力效果。图 2-3 和图 2-4 是上升和下降趋势中斐波那契扇形的画图示范。

斐波那契扇形与江恩扇形类似，但是实际运用价值不大。

图 2-3　上升趋势中斐波那契扇形的画图示范

图2-4　下降趋势中斐波那契扇形的画图示范

第三节　外汇交易中的斐波那契回撤线

　　此工具是运用确定的趋势线上两点来创建的。然后画出 9 条水平线，斐波那契水平：0.0%、23.6%、38.2%、50%、61.8%、100%、161.8%、261.8%和423.6%与趋势线交叉。当然，你可以在 MT4.0 中根据具体的交易需要自由设定特定的水平。斐波那契回撤线是本书的核心所在，本书的主体内容，也就是第三章的"推动调整浪交易法"就是以此为基础发展而来的，首先要了解和掌握斐波那契回撤线，才能更好地运用下一章的方法。图 2-5 和图 2-6 是斐波那契回撤线在上升趋势和下降趋势中的画图示范。

图 2-5　斐波那契回撤线在上升趋势中的画图示范

图 2-6　斐波那契回撤线在下降趋势中的画图示范

第四节　外汇交易中的斐波那契扩展线

运用画出两条波浪的三个点来创建此工具。然后画出的三条线，与斐波那契水平：61.8%、100% 和 161.8%的第三条"无形"线交叉。预期这些线附近会出现大幅度的价格变化。在 MT4.0 中，你可以设定特定的水平线，这个根据你的交易需要和经验而定。**扩展线在我们的交易方法中使用相对要少些，**在本书的主体部分"推动调整浪交易法"中没有应用，我们建议你了解即可。图 2-7 和图 2-8 是斐波那契扩展线在上升趋势和下降趋势中的画图示范。

在加特力波浪理论中，扩展线谱是最为重要的比率关系。

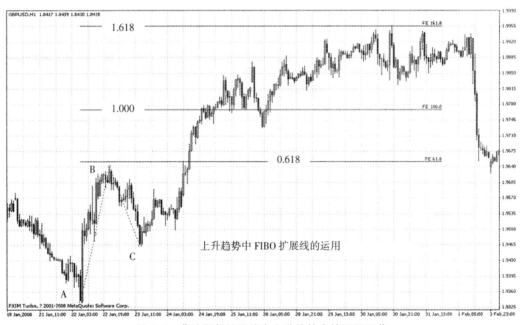

图 2-7　斐波那契扩展线在上升趋势中的画图示范

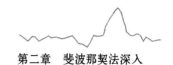

图 2-8　斐波那契扩展线在下降趋势中的画图示范

第五节　外汇交易中的斐波那契时间周期线

斐波那契时间周期线是以斐波那契的时间间隔 1，2，3，5，8，13，21，34 等画出的许多垂直线。在线附近通常预期会有大幅度的价格变化。运用确定的单位时间间隔长度的两点来创建此工具。这个工具的实际效果并不理想，大家可以去亲自验证，恕我们直言：对于外汇交易没有一点实际价值。建议大家了解即可，图 2-9 是斐波那契时间周期线的运用示范。

斐波那契时间周期线与螺旋历法类似，但是后者在日线上的准确度稍高。

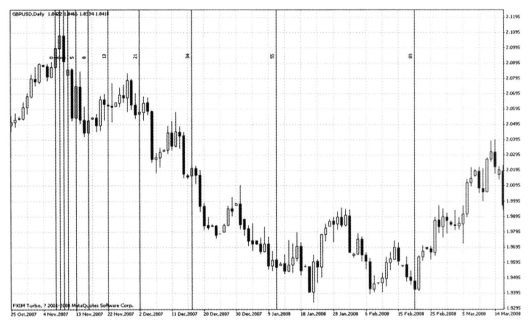

图 2-9　斐波那契时间周期线

加特力波浪交易法

在《外汇交易圣经》当中，我们曾经简单地提到艾略特波浪理论和加特力波浪理论，很多读者曾经来信询问关于加特力波浪理论的细节。在《斐波那契高级交易法》第一版中我们并没有涉及加特力波浪理论，但是由于这一理论体系也是属于斐波那契交易策略，所以我们在第二版的时候准备对加特力波浪理论做一个较为详细和全面的说明。

哈罗德·M. 加特力在 1935 年出版了 *Profits in the Stock Market* 一书，该书限量 1000 册发售，每本售价 1500 美元。这个价格放到现在也算非常贵了，在当时更不用说，相当于三辆福特车的价格。这本书出版到现在已经有 80 年了，跟艾略特波浪理论基本属于同时代的产物，但是对于加特力波浪理论知晓的人非常少，掌握的人则更少。

艾略特波浪理论与加特力波浪理论其实都是基于斐波那契比率的波浪形态理论，两者有重叠的部分，也有不一样的部分。艾略特波浪理论的整体观更强一些，自然也就更加理想化一点，后市的发展存在多种可能性，不太容易证伪。而加特力波浪理论相对而言，更简单一些，形态更容易确认，设置止损也更加容易。无论是**艾略特波浪理论**还是**加特力波浪理论，其根本形态都与相续的三浪有关，而三浪之间存在斐波那契回撤比率和扩展比率关系**。在本章的最后一节，我们会进行"化繁为简"，让你专注于简单的斐波那契回撤比率

艾略特波浪理论和加特力波浪理论的核心是"N"字结构。

和扩展比率关系，通过专注于简单的 N 字结构与斐波那契比率来应对万千变化的波浪走势。不过，在进行简化之前，我们先要全面地学习加特力波浪模型的相关知识。

第一节　闪电形态和变种的交易策略

闪电形态与 N 字结构关系密切，具体而言就是 N 字结构往往是闪电结构中的一部分，当 N 字的第三浪充分发展完成之后，我们就得到了所谓的闪电形态。从某种意义上来讲，闪电形态的度量关系为 N 字结构的目标点位提供了参照。我们在《短线法宝》一书中提出了一种基于 N 字结构的股票短线进出场策略，其中出场采用的是最近两日最低点跌破，如果你掌握了闪电形态，也可以利用斐波那契扩展比率点位作为出场信号，这就相当于一个前位或者同位出场信号，而最近两日低点则相当于后位出场信号，两者结合起来就可以起到相互补充和协作的作用。

闪电形态源于哈罗德·M. 加特力在其著作中提到的 AB＝CD 形态，后来很多人都发现了类似的市场形态，在标普股指期货的日内波段走势中也经常出现这一形态。我曾经在国内也看到有财经作家基于 AB＝CD 形态写了一部很厚的炒股书，从中可以见到这一形态出现的频率非常高。

基本模型：

闪电形态的基本模型分为多头闪电形态和空头闪电形态两种。我们先来看多头闪电形态（见图 3-1），AB 段价格向下运动，这一段定义为单位 1。需要注意的是，我们

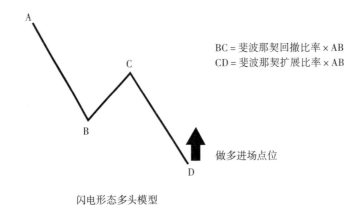

闪电形态多头模型

图 3-1　闪电多头形态

讲的 AB 段，并非 A 点和 B 点之间的长度，而是 AB 段对应的价格幅度，后续提到的所有长度都是指价格幅度，而非两点线段的长度。回到正题，价格反弹到 C 点，BC 段对 AB 段进行了回撤，这个回撤肯定是不能超过 1 的。BC 段价格幅度等于 AB 段的价格幅度乘以斐波那契回撤比率。**常见的斐波那契回撤比率有 0.786、0.618、0.5 和 0.382 等**。在闪电多头形态中，反弹的高点肯定是低于 A 点，这点非常关键，至于是否与某个具体的回撤比率相符合其实并不重要。在实际运用中，我们判断闪电形态时，并不会花时间去考察 BC 段是否精确地符合斐波那契回撤比率，而是将主要精力集中于分析 CD 段与 AB 段的比率关系。

在下跌过程中，CD 段以 AB 段为单位 1，以 C 点为起点，闪电多头形态要求 CD 段的价格幅度等于 AB 段的价格幅度乘以斐波那契扩展比率（以下简称 AB 段和 CD 段，不再强调"价格幅度"），常见的斐波那契扩展比率有 0.618、1、1.618 等，不过 0.382、1.382、2.618 等也会用到扩展比率。CD 段会在斐波那契扩展比率某点位处结束，然后价格回升的可能性非常大，如何识别具体的反转点位，单单就技术上而言，我们需要结合价格形态来甄别，后面会详细展开。

我们来看一些具体的闪电多头的实例，只有见到大量的各色实例你才能积累到足够的经验，同时也才能获得足够的信心。也只有在大量的实例分析中，我们才能发现什么样的扩展比率点位最容易成为反转点，这比理想的理论模型更有价值。来看两个实例，两个例子都是英镑兑美元的 1 小时走势图（见图 3-2 和图 3-3），汇率从 A 点下跌，在 B 点反弹，C 点开始恢复跌势。最终，汇率在 **0.618 扩展处获得支撑，展开升势**。

多头闪电形态中比较**典型的是 1 倍向下扩展**，我们来看两个实例（图 3-4 和图 3-5）。我们仍旧以英镑兑美元为例，两者都是 1 小时走势图，AB 段下挫之后，汇价反弹，然后在向下 1 倍扩展点位处企稳，此后英镑兑美元走强。

还有一些不常用的斐波那契回撤比率，比如 0.121、0.809、0.764 等。这些回撤比率运用价值不高，不具有实际意义。

CD = 0.618AB，这类闪电形态被称为"短腿闪电"。

1 倍扩展点位又被称为 AB = CD 形态，通常认为是最正宗的闪电形态。不过，在我们看来这种形态就是闪电形态中的一种而已，并不能囊括绝大多数闪电形态实例。

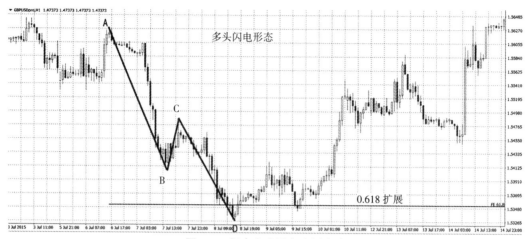

图 3-2　闪电多头形态实例（1）

图 3-3　闪电多头形态实例（2）

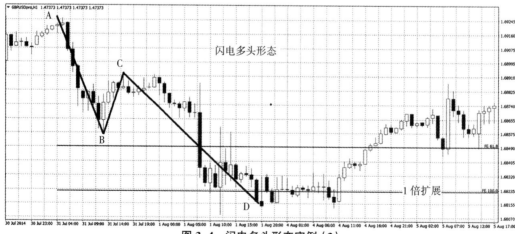

图 3-4　闪电多头形态实例（3）

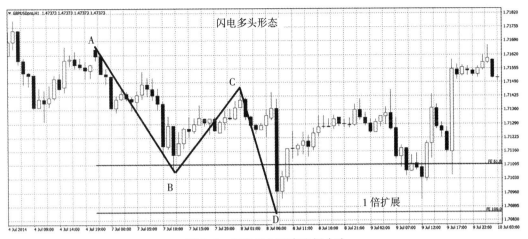

图 3-5　闪电多头形态实例（4）

闪电多头形态中与 1 倍扩展一样，经常出现的是 1.618 扩展，也**被称为"长腿闪电"**。我们来看两个实例（图 3-6 和图 3-7），汇率从 A 点下跌到 B 点，然后反弹到 C 点，我们省略掉对 BC 段的度量，只要 C 点不超过 A 点，那么就基本符合了闪电多头形态对 BC 段的要求。即使你要度量，也会发现，BC 段大概率是符合某一特定斐波那契回撤比率的。汇价从 C 点开始再度下跌，然后在 1.618 向下扩展点位处获得支撑，展开升势。

以 1 倍扩展为中位数，小于 1 倍扩展称为短腿闪电，大于 1 倍扩展称为长腿闪电。

图 3-6　闪电多头形态实例（5）

图3-7　闪电多头形态实例（6）

闪电空头形态与闪电多头形态是镜像关系，AB段上升段，然后出现BC段回调，最基本的要求是C点要高于A点，精确的要求是BC段等于AB段乘以斐波那契回撤比率。以C点为起点，AB段为单位1，向上投射，闪电空头形态要求D点出现在某一斐波那契向上扩展点位处（见图3-8）。

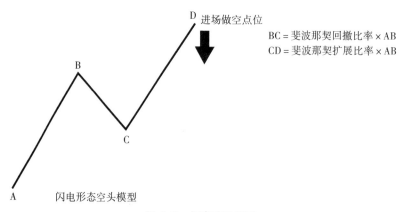

图3-8　闪电空头形态

随便就能在英镑兑美元的1小时走势图中发现很多闪电空头形态，这体现了这一形态的普遍性。

我们来看一些**具体的实例**，体验一下闪电空头形态的**"神奇"**。我们首先看两个0.618向上扩展的闪电空头实例（图3-9和图3-10），汇率从A点上涨到B点，然后出现回调，C点开始恢复升势，上涨到0.618向上扩展点位处出现反转。

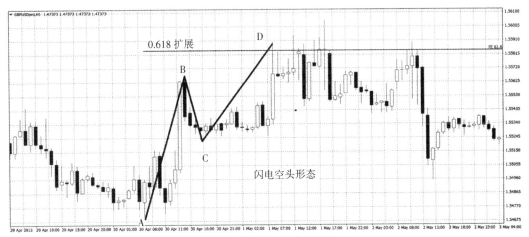

图 3-9　闪电空头形态实例（1）

图 3-10　闪电空头形态实例（2）

闪电空头形态中容易出现的第二种扩展比率是 1 倍扩展，也就是所谓的 AB = CD 空头形态，我们来看两个实例（图 3-11 和图 3-12）。AB 段上涨，BC 段回调，两个实例的回调幅度都不大，因此符合最基本的回调要求。最终，汇价在向上 1 倍扩展处受阻回落。

闪电空头形态中第三种出现频率较高的扩展点位是 1.618，我们依旧以英镑兑美元 1 小时走势为例（图 3-13 和图 3-14），两个例子中 BC 段的回撤幅度就非常深，但是 C 点都高于 A 点，所以都符合了最基本的要求。两个例子中 CD 段都等于 AB 段的 1.618 倍，D 点之后英镑兑美元反转走跌。

闪电形态怎么把握进场时机呢？前面我们已经熟悉了各种各样的闪电形态，不过光了解这些却是不够的，还要落实到具体的操作中，这就涉及时机的把握。我们首先

图 3-11　闪电空头形态实例（3）

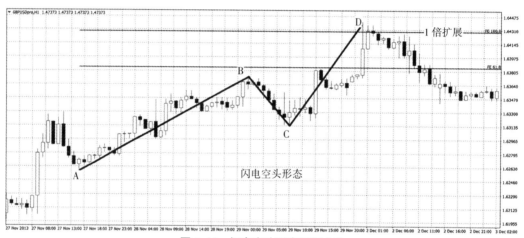

图 3-12　闪电空头形态实例（4）

图 3-13　闪电空头形态实例（5）

图 3-14　闪电空头形态实例（6）

介绍闪电形态做多的时机把握，第一步肯定是在出现 A、B、C 三点，并且 D 点在行程过程中，如何确定 D 点是否已经出现。A、B、C 三点出现后，我们以 AB 段为单位 1，以 C 点为起点做出斐波那契向下扩展点位线谱，第二步就要等待 K 线等价格形态来告诉我们 D 点是否出现，做多时机是否已经到来。什么是最可能的 D 点呢？有两个具体的要求：第一个要求是 D 点位于某一斐波那契向下扩展点位附近，第二个要求是 D 点出现了看涨反转 K 线（见图 3-15）。

单纯使用斐波那契点位来确认反转点是完全行不通的，失败率比较高，如果能够结合公布的数据，成功率会提高一些。不过，最为简便的做法还是用 K 线形态来确认斐波那契点位的有效性。

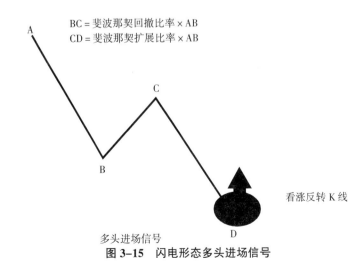

BC = 斐波那契回撤比率 × AB
CD = 斐波那契扩展比率 × AB

看涨反转 K 线

多头进场信号

图 3-15　闪电形态多头进场信号

理论模型总是抽象和枯燥的，也很难让人有信心，而实例则能够让我们更快地落地进入实战。

闪电做多信号是什么？斐波那契向下扩展点位处出现了看涨反转 K 线。看涨反转 K 线具有什么样的特征呢？本书不对 K 线进行知识普及，只对非常有效的形态进行介绍，在实例中展开。来看第一个实例（图 3-16），英镑兑美元日线走势中，A、B、C 三点确定了向下斐波那契扩展线谱，在 1 倍向下扩展点位附近出现了纺锤线，这表明 D 点大概率出现，做多时机出现，应该立即进场。

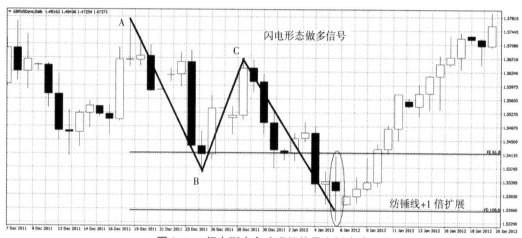

图 3-16 闪电形态多头进场信号实例（1）

第二个实例来自英镑兑美元 5 分钟走势（见图 3-17），这是我们做外汇交易时参考的最小时间框架，虽然还有分时图和 1 分钟图，但是考虑点差的因素，不具有实际操作的意义。A、B、C 三点确定向下扩展线谱，在 1 倍向下扩展点位处出现了复杂的早晨之星，这个时候就大概率确认了 D 点，进场时机出现。在后续的观察中，二次探底出现看涨吞没则只是进一步提高了准确度而已。

第三个实例来自英镑兑美元 1 小时走势，这是一个短脚多头闪电形态，在向下 0.618 点位处出现了看涨孕线，这就确认了 D 点大概率出现，进场做多时机出现（见图 3-18）。

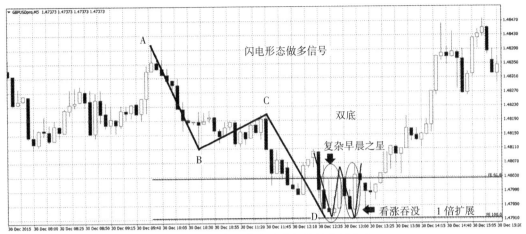

图3-17　闪电形态多头进场信号实例（2）

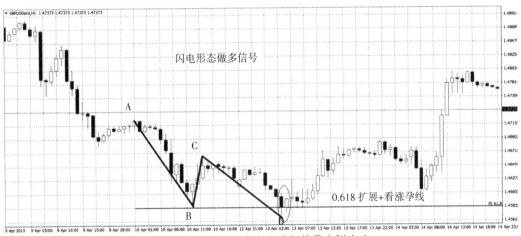

图3-18　闪电形态多头进场信号实例（3）

闪电形态的做空时机怎么确认呢？A、B、C三点确认了向上斐波那契扩展点位，在某一点位附近出现了**看跌反转K线**，这就大概率确认了D点，也就是进场做空时机（见图3-19）。

我们来看一些具体的闪电做空进场信号实例，第一个实例出现在英镑兑美元1小时走势中（见图3-20），A、B、C三点构筑了向上扩展，在1倍向上扩展点位处出现了看跌孕线，接着就是看跌吞没，两者复合成了复杂的黄昏之星。由于看跌孕线是比较弱的看跌信号，一般我们会等待后续一根中阴线或者大阴线来确认。看跌反转K线的出现确认了1倍向上扩展点位作为阻力点的有效性，进场做空时机出现。

如果两重以上斐波那契点位重叠，那么点位有效性更强。可以在多个时间框架上绘制斐波那契点位，再加上K线形态确认，甚至纳入数据发布的考量，那么你的交易功力将更上一层楼。

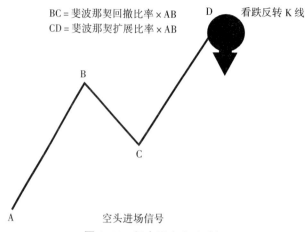

BC = 斐波那契回撤比率 × AB
CD = 斐波那契扩展比率 × AB

D　　看跌反转 K 线

B

C

A　　　　空头进场信号

图 3-19　闪电形态空头进场

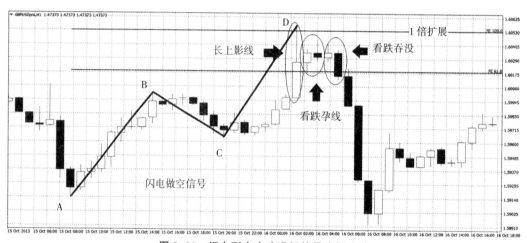

图 3-20　闪电形态空头进场信号实例（1）

流星形态有时候并不单独出现，而是出现在黄昏之星当中，或者是看跌吞没当中，以及看跌孕线当中。不过，当完整的黄昏之星或者看跌吞没形成时，我们已经进场做空了。

第二个实例还是涉及英镑兑美元 1 小时走势（见图 3-21），在向上 1 倍扩展点位处出现了**流星**，这就大概率确认了 D 点，进场做空时机出现。

第三个实例仍然涉及英镑兑美元 1 小时走势（见图 3-22），A、B、C 三点确定了向上扩展点位线谱，汇率在向上 1.618 扩展点位附近出现了流星，这就是大概率确认了 D 点，也就是进场做空时机。虽然紧接着的一根大阴线与流星和前面一根中阳线构成了黄昏之星，但是只是进一步确认了此前决策正确而已。

图 3-21　闪电形态空头进场信号实例（2）

图 3-22　闪电形态空头进场信号实例（3）

　　进场之后，初始止损怎么放置呢？早期加特力理论与艾略特理论一样只注重形态完美性，对于如何落地于具体的实践却少有着墨。不过，对于交易者而言，具体的进场信号如何设定止损确实是非常关键的步骤。前面我们已经介绍了闪电形态具体进场点的设定，下面我们介绍**初始止损的设定**。闪电多头进场之后，初始止损放置在看涨反转 K 线形态最低点之下不远的位置（见图 3-23）。

　　我们来看一个具体的实例，英镑兑美元日线走势中出现了 A、B、C 三点，我们据此做出向下的扩展点位，在下跌过

利用加特力理论进行交易的时候，进场点怎么确定，出场点怎么确定，这些都是要落实的问题。

程中汇率于 1 倍向下扩展点位处出现了看涨孕线，这就是进场做多信号。于是我们进场做多，将初始止损放置在看涨孕线最低点下面一点，不过此后汇率再创新低触及了止损（见图 3-24）。

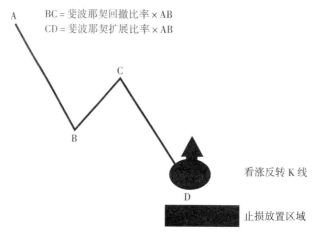

$$BC = 斐波那契回撤比率 \times AB$$
$$CD = 斐波那契扩展比率 \times AB$$

看涨反转 K 线

止损放置区域

图 3-23　闪电形态做多止损放置

图 3-24　闪电形态做多止损放置实例

闪电形态做空信号出来之后，我们立即进场做空，初始止损放置在看跌反转 K 线形态最高点之上一些（见图 3-25）。这里仅仅谈到了初始止损，随着行情朝着有利的方向发展，适时地跟进止损也是必要的，具体的方法可以参考本书第四章中移动止损的方法，除此之外还有需要移动止损的方法，也就是所谓的后位出场法，可以参考《外汇短线交易的 24 堂精品课》一书中对于出场方法的全面介绍。

　　我们来看一个具体的实例（见图 3-26），这是英镑兑美元的日线走势。A、B、C 三点确认向上斐波那契扩展线谱之后，汇价在 1 倍扩展处出现了流星线，然后出现了

复杂黄昏之星形态。当流星出现之后，按照要求我们就会进场做空，**止损设定在高于此流星最高价的区域中**。小幅下跌之后，汇价再度上涨，一根流星线触及止损，虽然此后价格正式开始跌势，但是我们已经止损离场了。

初始止损是必须设定的，幅度不能太大，也不能太小。本例中价格触及初始止损之后，恢复下跌，这不能否认初始止损的必要性。交易是概率游戏，必然有这种情况出现。

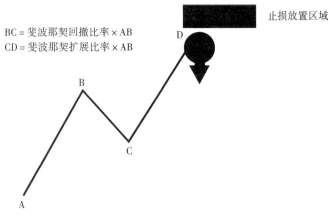

图 3-25　闪电形态做空止损放置

图 3-26　闪电形态做空止损放置实例

本章主要讲解加特力直接相关的各种策略，因此对于不利用斐波那契点位的策略不会展开。因此，在讲解出场策略的时候，我们仍旧以斐波那契点位为主轴，大家可以观摩一下纯粹的加特力模型中如何解决盈利出场问题。我们这里主要介绍利用斐波那契回撤比率筛选利润兑现点，而且是主要运用 0 到 1 倍之间的回撤比率，对于超过 1 倍的外部回撤比

率我们极少运用,如果超过 1 倍的话,其实应该用扩展比率了。我们的出场策略都是利用斐波那契回撤比率,如果行情发展超出了单位段的幅度,那么就可以考虑跟进止损或者采用斐波那契扩展比率来决定出场点。但是为了简单化,本书只讲解利用回撤比率的策略。

闪电形态的做多信号是在 D 点出现的（见图 3-27），进场做多之后首先放置初始止损。随着汇率上涨,我们就要确定出场目标点位了。利用 AD 段作为单位 1,做出回撤线谱,然后等待价格确认特定点位阻力的有效性。

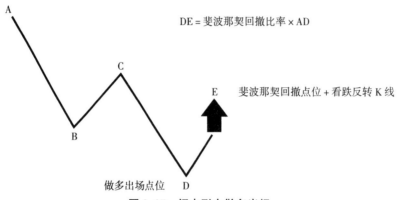

图 3-27　闪电形态做多出场

我们来看一个具体的实例,英镑兑美元日线走势中汇价从 A 点下跌到 B 点,然后反弹到 C 点。以 A、B、C 三点作为基础画出斐波那契向下扩展线谱,在 1 倍向下扩展点位处出现了"反向流星线",也就是锤头线,这就是一个较为明显的进场做多信号（见图 3-28）。那么,进场做多之后什么时候出场呢?按照前面的模型,我们应该等待

图 3-28　闪电形态做多出场实例（1）

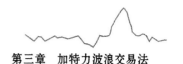

汇价在 AD 段的回撤点位上出现看跌反转信号。最终，汇价在 0.786 回撤点位附近出现了看跌孕线（见图 3-29），这个时候就是离场信号了。光是看跌孕线，信号效率还不明显，最好后续接着一根中阴线或者大阴线。不过，本例中看跌孕线后续接的是一根流星线。

图 3-29　闪电形态做多出场实例（2）

第二个例子还是英镑兑美元日线走势中的，根据汇价走势中的 A、B、C 三点做出向下扩展线谱，等待价格给出进场信号。最终，汇价在 0.618 向下扩展点位处出现了锤头形态（见图 3-30），也就是前面这例子提到的"反向流星形态"，这就是进场做多信号。那么，出场时机怎么确定呢？以 AB 段作为单位 1，以 D 作为起点做出斐波那契回撤线谱。最终，英镑兑美元在 0.618 回撤点位附近出现了小双顶叠加黄昏之星的看跌反转信号，汇价形态确认了此点位阻力的有效性（见图 3-31），这就是出场时机。

图 3-30　闪电形态做多出场实例（3）

图 3-31　闪电形态做多出场实例（4）

如果我们采用闪电模型做空的话，盈利后的出场点在什么位置呢？其实与上面做多的例子是类似的，只不过要反过来。还是以 AD 段作为单位 1，以 D 点作为起点，做出斐波那契回撤点位线谱，然后等待 E 的出现。E 点的出现是有一定规律的，这个点往往出现在回撤线谱的特定点位，并且伴随着看涨反转 K 线（见图 3-32）。一旦你从点位和 K 线形态两个维度确认了 E 点，那么就应该立即出场或者减仓。

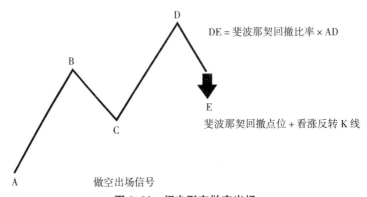

图 3-32　闪电形态做空出场

来看第一个闪电形态做空出场的实例，美元兑日元 1 小时走势中，汇价从 A 点上涨到 B 点。然后出现了回调。回调低点为 C 点，然后震荡上涨。以 A、B、C 三点为基准做出斐波那契向上扩展线谱，汇价最终在 1 倍点位出现了流星，这是进场做多信号（见图 3-33）。什么时候出场呢？我们以 AD 段为单位 1，以 D 点为起点做出斐波那契回撤线谱，然后等待市场告诉我们应该在什么点位出场。最终，美元兑日元下跌到 1 倍回撤点，也就是 A 点附近出现了三个白兵看涨反转形态，这就是空头平仓时机了

（见图 3-34）。

图 3-33　闪电形态做空出场实例（1）

图 3-34　闪电形态做空出场实例（2）

　　第二个实例也是美元兑日元 1 小时走势中展开的，以 A、B、C 三点为基准做出斐波那契向上扩展点位，等待 D 点出现。最终，在 1 倍向上扩展点位附近出现了流星形态，这是进场做空信号（见图 3-35）。那么，什么情况下平仓或者减仓呢？此后，汇价在前期低点 A 附近出现了锤头形态，然后大阳线拉升，这是非常明显的筑底信号，出场点 E 出现了（见图 3-36）。

　　上面我们介绍的都是闪电形态，用艾略特波浪理论的术语来讲这种形态是一个推动浪接一个调整浪，然后再接一个推动浪。而闪电形态的变种与闪电形态似乎一样，都是一个 N 字结构，其实构造上存在根本的区别。闪电形态的变种是一个调整浪，接

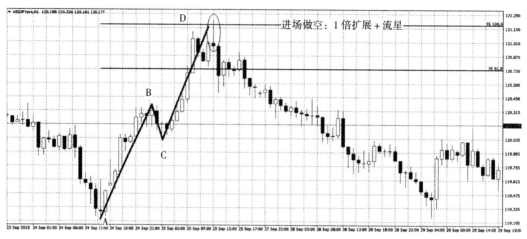

图 3-35　闪电形态做空出场实例（3）

图 3-36　闪电形态做空出场实例（4）

一个推动浪，再接一个调整浪。简而言之，闪电形态是两个推动浪夹着一个调整浪，而闪电变种形态则是两个调整浪夹着一个推动浪。

我们首先来看闪电多头变种的基本模型（见图 3-37），AB 段是下跌段，BC 段上涨且突破了 A 点高点，然后从 C 点下跌，在 D 点出现进场做多信号。BC 段大于 AB 段，这是闪电变种形态的基本要求之一。那么，如何确定 D 点呢？斐波那契比率方面的要求是 CD 等于 BC 乘以斐波那契回撤比率。

我们来看三个闪电变种多头形态的实例，第一个实例是美元兑日元半小时走势中汇价从 A 点回落到 B 点，然后恢复上涨并突破 A 点创出新高 C 点后再度回落到 BC 段的 0.5 回撤点位处企稳，恢复升势（见图 3-38），这是一个非常典型的闪电变种多头形态。

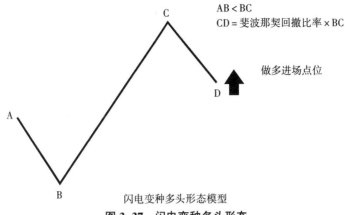

图 3-37 闪电变种多头形态

图 3-38 闪电变种多头形态实例（1）

第二个实例中涉及美元兑日元 4 小时走势，AB 段是下跌段，然后汇价反转并且超过 A 点高度，达到 C 点后汇价回落，在 0.5 回撤点位处出现了复杂的早晨之星和十字星，以及锤头线，**此后恢复升势**（见图 3-39）。

第三个实例还是出现在美元兑日元 4 小时走势中，AB 段属于双底的一部分，然后 BC 段突破 AB 段的高点。C 点开始回落，0.382 和 0.5 都只是暂时充当了支撑点，并未有效导致汇价恢复升势，直到汇价在 0.618 附近**出现了锤头线之后**，闪电变种多头形态的 D 点才正式出现（见图 3-40）。

这个闪电变种多头形态与第一个实例存在一些差别。第一个实例中的闪电变种多头形态的 AB 段是中继阶段，而第二个实例中的 AB 段则属于反转阶段。

某些情况下，我们最初抉择的 D 点会被否定掉，止损会告诉我们确认错误，然后等待价格确认新的进场点。

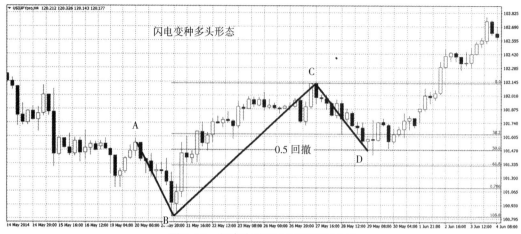

图 3-39　闪电变种多头形态实例（2）

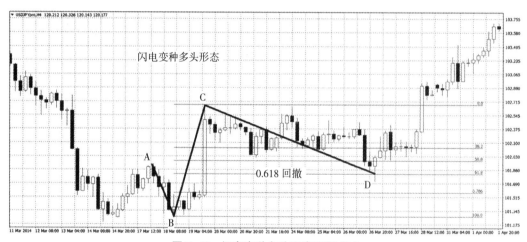

图 3-40　闪电变种多头形态实例（3）

　　需要强调的一点是，我们只采用不大于 1 的斐波那契回撤比率，也就是所谓的斐波那契内回撤比率，对于大于 1 的外回撤比率本书不涉及。因为一旦涉及外回撤比率之后分析会变得复杂而不可靠。

　　闪电变种的空头形态与多头形态是镜像关系，AB 段是反弹段或者反转段，然后价格跌破 A 点，BC 段是下跌段。C 点处开始反弹，CD 段肯定是一个下跌中继波段。BC 段长度要求显著大于 AB 段，**CD 段的幅度等于 BC 段幅度乘以某个斐波那契回撤比率**（见图 3-41）。

　　我们来看一些具体的闪电变种空头形态的实例，第一个实例出现在英镑兑美元的半小时走势中，AB 段创出了阶段性升势的高点，B 点开始反转。BC 段跌破 AB 段，C 点开始反弹，在 0.382 点位附近受到明显阻力，然后恢复跌势（见图 3-42）。空头力量比较强大的时候，CD 段的上涨幅度非常小，0.382 往往就是其升势的极限位置。

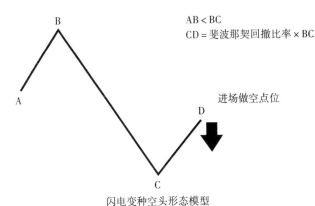

$AB < BC$
$CD = 斐波那契回撤比率 \times BC$

进场做空点位

闪电变种空头形态模型

图 3-41 闪电变种空头形态

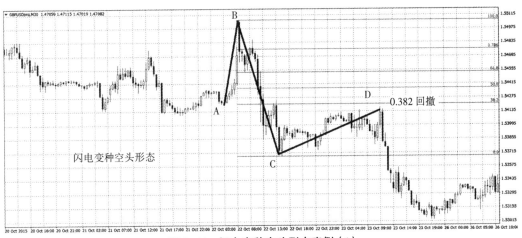

图 3-42 闪电变种空头形态实例（1）

第二个实例同样出现在英镑兑美元的半小时走势中，AB 段是创出新高的波段，BC 段是跌破 A 点。C 点汇价反弹，以 BC 段为单位 1，反弹到 0.382 点位之后恢复跌势（见图 3-43），也就是说 D 点出现在 0.382 回撤点位附近。

第三个实例涉及英镑兑美元的日线走势，AB 段创出新高，B 点出现流星和黄昏之星之后汇率开始下跌。C 点出现看涨孕线之后汇率反弹。**这个实例中的反弹幅度较高，在 0.618 回撤点位处才出现复杂的黄昏之星形态，D 点确认**（见图 3-44）。

这个复杂黄昏之星的"复杂"程度在于其间有三颗星。

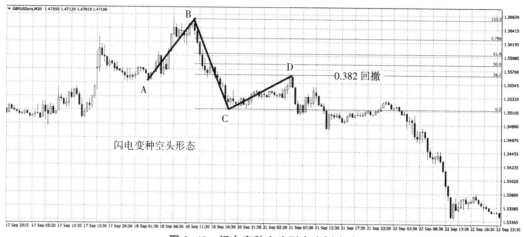

图 3-43　闪电变种空头形态实例（2）

图 3-44　闪电变种空头形态实例（3）

　　闪电变种形态的实例我们看清楚了，下面讲解具体进场点的问题。前面个别实例的介绍过程其实已经涉及了进场时机的范畴，不过现在正式介绍其中的具体要点。

　　闪电变种形态做多信号的关键要素有两个：第一个要素是 C 点下跌之后出现了看涨反转 K 线；第二个要素是看涨反转 K 线恰好出现在特定的斐波那契回撤点位附近（见图 3-45）。这两个要素同时具备了，那么进场做多的机会就确认了，这就是闪电变种进场做多信号。

　　我们给出一些具体的进场做多实例让大家体会和琢磨，三个实例都是欧元兑美元，第一个实例出现在日线走势中，AB 段下跌，BC 段突破 A 点。汇价从 C 点开始回调，以 BC 段作为单位 1，以 C 点作为起点做出斐波那契回撤线谱，等待可能的进场做多信

号。此后，汇价跌到 0.5 附近出现了看涨吞没，进场做多信号出现（见图 3-46）。

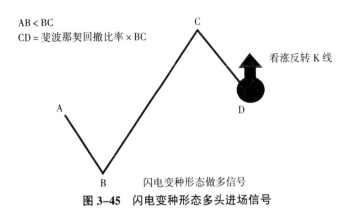

图 3-45 闪电变种形态多头进场信号

图 3-46 闪电变种形态多头进场信号实例（1）

第一个实例中的 AB 段是中继波段，是升势中的调整。第二个实例中的 AB 段则属于下跌波段，创出了新低。BC 段是反转波段，然后 C 点开始回撤，在 0.618 回撤点位附近出现了看涨吞没，**确认了 D 点**，也就是进场做多点（见图 3-47）。

第三个实例中，C 点高出 A 点不多，不过仍旧符合 BC 波段幅度大于 AB 段幅度的基本要求。C 点汇价开始回落，在 0.618 回撤点位附近出现了**早晨之星**，D 点确认，进场做多信号出现（见图 3-48）。

每个反转点附近基本上都会出现反转 K 线形态，也基本上都会位于某一斐波那契点位附近。

早晨之星形态中蕴含了倒锤头形态。不过，单独出现的倒锤头并不像一般技术分析书籍上认为的那样是看涨反转信号，反而是持续下跌的信号。只有后续有中阳线或者大阳线拉升才表明反转。

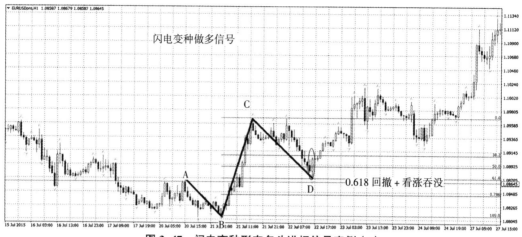

图3-47 闪电变种形态多头进场信号实例（2）

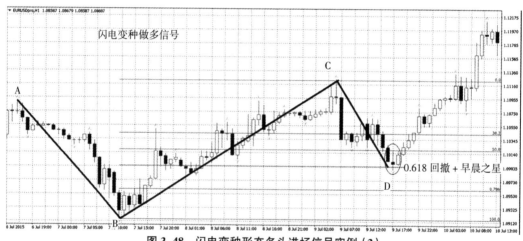

图3-48 闪电变种形态多头进场信号实例（3）

接着我们介绍闪电变种形态的做空信号，AB段是上升段，有可能是下跌的中继形态，也有可能是最后冲顶的疯狂形态。BC段向下跌破A点，然后C点开始反弹。以BC段的下跌幅度为单位1，以C点为起点做出斐波那契回撤线谱，当汇价反弹到某一斐波那契回撤点位处出现了看跌反转K线则意味着做空进场信号出现了（见图3-49）。

我们来看一些具体的进场做空信号，第一个实例中欧元兑美元4小时走势中在高位出现了长影线之后，转折下跌，跌到A点出现了反弹，两日后反弹夭折，B点开始重回跌势。其实，当价格跌破A点的时候，N字顶已经形成了。按照我们常用的趋势确认手段之一，这个时候向下趋势确认了。汇价持续下跌，跌到C点才展开反弹，我们以BC段作为单位1，以C点作为起点做出向上回撤线谱。最终，欧元兑美元在

0.382 回撤点位处出现了看跌吞没，这个时候进场做空信号就出现了（见图 3-50）。

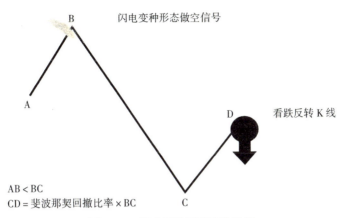

图 3-49　闪电变种形态空头进场

图 3-50　闪电变种形态空头进场信号实例（1）

第二个实例仍旧是欧元兑美元 4 小时走势，汇价从 A 点上涨到 B 点，然后出现了看跌孕线，汇价见顶转跌，跌到 C 点出现了反弹。反弹到 0.5 回撤点位附近出现了流星形态，这个时候做空进场信号出现（见图 3-51）。

第三个实例涉及欧元兑美元 1 小时走势，BC 点跌破 A 点就技术上而言意味着上升趋势结束。以 BC 段作为单位 1，以 C 点作为起点，**向上做出斐波那契回撤线谱**。汇价在 0.382 处出现过看跌反转 K 线形态，进场后止损，回调后再度上冲

很多时候，我们会遇到这样的情况，这个时候需要按照规则再度进场的勇气。

在 0.618 附近出现了黄昏之星，这个时候再度进场做空（见图 3-52）。

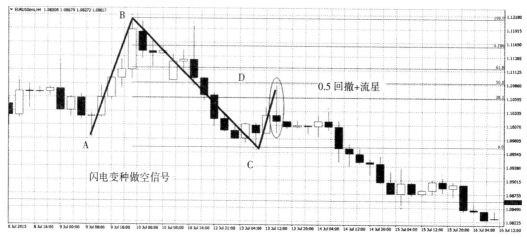

图 3-51　闪电变种形态空头进场信号实例（2）

图 3-52　闪电变种形态空头进场信号实例（3）

这里只谈到了大概的位置。还可以同时参考布林带外轨等参数，这些在《外汇短线交易的 24 堂精品课》关于交易可证伪的章节有更为详细的介绍。

进场之后我们就要进行初始止损的设定，首先来谈闪电变种形态做多进场之后的初始止损设定。AB 段下跌，BC 段上涨并且突破 A 点高点，C 点汇价开始回落，在 D 点出现了进场做多的信号，那么我们可以将**初始止损放置在 D 点下面一些**（见图 3-53）。

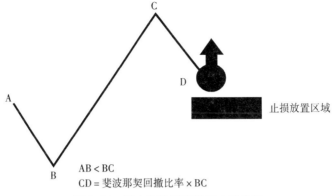

AB < BC
CD = 斐波那契回撤比率 × BC

图 3-53　闪电变种形态做多止损放置

来看一个具体的实例，欧元兑美元在小时走势中从 A 点跌到 B 点，然后止跌回升，并且突破 A 点。上涨到 C 点之后出现了回调，然后一根长腿十字线确认了 0.382 点位的有效性，于是我们进场做多。进场之后，将初始止损放置在长腿十字最低点下面的区域（见图 3-54）。

图 3-54　闪电变种形态做多止损放置实例

在做空的情况下，我们将初始止损放置在 **D 点之上的区域**，也就是看跌反转 K 线的最高点上方（见图 3-55）。

我们来看一个具体的实例，欧元兑美元从 A 点反弹到 B 点，然后继续下跌到 C 点。C 点出现了新一轮反弹，在 0.618 点位附近出现了黄昏之星，于是我们进场做空，初始止损放

止损最大幅度还要考虑风险报酬率和最大亏损比率的问题。

置在黄昏之星最高点上方一点（见图3-56）。

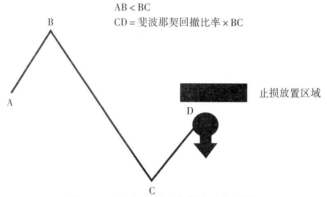

$$AB < BC$$
$$CD = 斐波那契回撤比率 \times BC$$

止损放置区域

图3-55　闪电变种形态做空止损放置

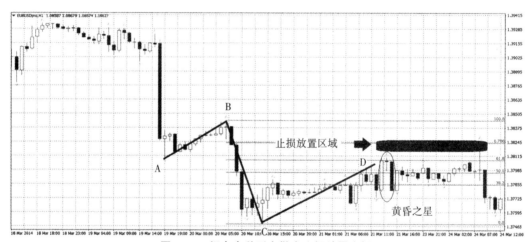

止损放置区域

黄昏之星

图3-56　闪电变种形态做空止损放置实例

某些斐波那契使用者会尝试利用CD段的"外回撤"来确认E点，这种方法容易与斐波那契向上扩展混淆，使用起来效果不佳，而且更加烦琐，不推荐。

闪电变种形态进场之后，如果行情按照预想方向发展，头寸出现了盈利，在什么时候兑现盈利呢？这就涉及盈利后出场时机把握的问题。现在就做多的情况进行演示。A、B、C、D构成了闪电多头形态，在D点附近进场做多之后，汇率持续上涨，那么如何确定潜在的出场点E呢？我们以BC段为单位1，以D点为起点，向上做出斐波那契扩展点位线谱。当价格在斐波那契某一**扩展点位出现看跌反转K线**的时候，多头平仓时机就确认了（见图3-57）。

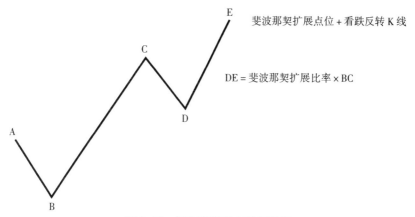

图 3-57　闪电变种形态做多出场

　　我们来看一个具体的实例，欧元兑美元 5 分钟走势图中 A、B、C 三点确认后，根据 BC 段做出斐波那契回撤线谱，汇价在 0.618 点位附近出现了看涨吞没，进场做多信号出现（见图 3-58），随即入场。D 点进场之后，市场如预期一样发展，我们以 BC 段作为单位 1，以 D 点作为起点，向上画出斐波那契扩展点位线谱。最终，汇价在 1.382 点位附近出现了流星形态，多头出场或者减仓（见图 3-59）。

图 3-58　闪电变种形态做多出场实例（1）

斐波那契高级交易法——外汇交易中的波浪理论和实践

图 3-59　闪电变种形态做多出场实例（2）

　　闪电变种形态做空之后何时兑现盈利呢？AB 段是上升段，BC 段跌破 A 点，CD 段反弹。我们在 D 点附近做空，现在的问题是如何确认 E 点，也就是空头平仓的点位。我们以 BC 段作为单位 1，以 D 点作为起点，向下做出斐波那契扩展点位线谱，然后等待 K 线形态来确认某一点位的有效性。一旦看涨反转 K 线形态出现在某一点位处，则 E 点被确认，空头应该离场或者减仓（见图 3-60）。

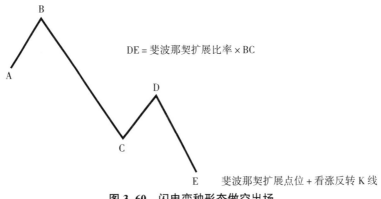

DE = 斐波那契扩展比率 × BC

斐波那契扩展点位 + 看涨反转 K 线

图 3-60　闪电变种形态做空出场

　　来看一个具体的实例，欧元兑美元 15 分钟走势中 A、B、C 三点形成，以 BC 段为单位 1，以 C 点作为起点做出斐波那契回撤点位线谱。汇价在 0.618 点位附近形成了流星线，进场做空信号出现，随即入场做空（见图 3-61）。行情如预期一样下跌，现在需要确定目标位，以 BC 段作为单位 1，以 D 作为起点，向下做出斐波那契扩展点位线

谱，最终价格在 1.382 附近出现了**看涨孕线，**空头离场或者减仓（见图 3-62）。

等待看涨孕线后面出现中阳线或者大阳线，则可靠性更高。

进场做多：0.618 回撤 + 流星

图 3-61　闪电变种形态做空出场实例（1）

出场信号：看涨孕线 + 1.382 扩展

图 3-62　闪电变种形态做空出场实例（2）

第二节　222 形态和变种的交易策略

加特力在书中将这个形态放在了第 222 页，所以这一形态被称为 222 形态。222 形态也是基本型和变种类型，我们先介绍基本型，也就是一般意义上的 222 形态。222 多头形态，

其实，在整个222形态中，当你放松某些条件之后，它就变成了另外的形态。这些变种的形态内部也存在各种斐波那契比率关系。

包括了4个波段。AB段是一个上升波段，然后BC段出现下跌，CD段反弹，DE段再度下跌。这其中有多个比率关系，BC段等于AB段乘以某个斐波那契回撤比率，CD段等于BC段乘以某个斐波那契回撤比率。其实上述关系可以简化为AB段大于BC段，**BC段大于CD段**，这里指的是幅度，而不是**两点间的直线距离**。另外，**E**点要求高于**A**点。在222形态中，最为重要的要点是DE＝BC，这是222形态的最典型特征（见图3-63）。

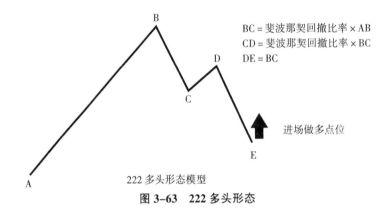

BC = 斐波那契回撤比率×AB
CD = 斐波那契回撤比率×BC
DE = BC

进场做多点位

222多头形态模型

图3-63　222多头形态

我们来看一些具体的实例，前三个例子是美元兑日元日线走势上的222多头形态（见图3-64~图3-66），第四个例子是美元兑日元周线走势上的222多头形态（见图3-67）。

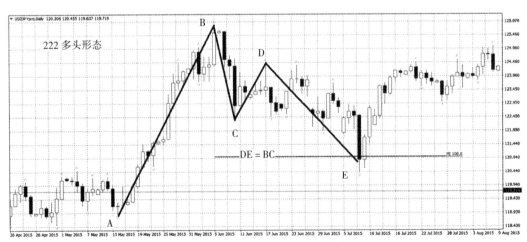

图3-64　222多头形态实例（1）

图 3-65　222 多头形态实例（2）

图 3-66　222 多头形态实例（3）

图 3-67　222 多头形态实例（4）

222 空头形态与 222 多头形态是镜像关系，其中的比率关系与 222 多头形态一致，最为关键的是 DE＝BC，也就是说以 BC 作为单位 1，以 D 作为起点，向上做出斐波那契扩展点位线谱，E 点恰好位于 倍扩展点位附近（见图 3-68）。

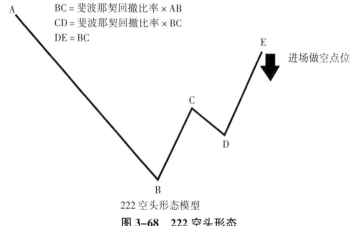

BC ＝ 斐波那契回撤比率 × AB
CD ＝ 斐波那契回撤比率 × BC
DE ＝ BC

进场做空点位

222 空头形态模型

图 3-68　222 空头形态

我们来看一些具体的实例，以加强大家的印象，第一个例子（图 3-69）和第四个例子（图 3-72）是美元兑日元日线走势中出现的，第二个例子（图 3-70）是美元兑日元 4 小时走势中出现的，第三个例子（图 3-71）是美元兑日元 5 分钟走势中出现的。三个不同时间框架下的 222 空头形态基本上呈现类似的比率关系，由此可见市场的**全息特性**。

市场具有全息特性，因此斐波那契比率在各种时间框架的走势中都存在。

图 3-69　222 空头形态实例（1）

图 3-70　222 空头形态实例（2）

图 3-71　222 空头形态实例（3）

图 3-72　222 空头形态实例（4）

前面介绍了 222 形态的具体特征，这相当于把握"势位"，现在讨论多头 222 形态的进场时机问题，这就是"态"的问题了。E 点是进场做多点，需要满足两个条件：第一个条件是 **DE 波段的幅度要等于 BC 波段的幅度**；第二个条件是看涨反转 K 线形态位于 E 点附近（见图 3-73）。

如果你做的是 222 多头形态，那么 DE 要求等于 BC，不过如果是 DF 等于斐波那契扩展比率乘以 BC，则属于其他多头形态。

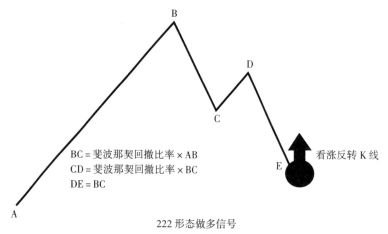

BC = 斐波那契回撤比率 × AB
CD = 斐波那契回撤比率 × BC
DE = BC

看涨反转 K 线

222 形态做多信号

图 3-73　222 形态多头进场信号

我们来看一个具体的实例，英镑兑美元日线走势，AB 段对应较大的上涨幅度，B 点开始下跌，CD 段反弹，但是 D 点并未超过 B 点，我们以 BC 段为单位 1，以 D 点作为起点，向下做出斐波那契扩展线谱。此后，汇价**在 1 倍扩展处**出现了锤头和早晨之星，这是一个进场做多的信号（见图 3-74）。

最狭义的闪电形态，其实就是 1 倍扩展。而 222 形态无非是增加了一个 AB 段。

图 3-74　222 形态多头进场信号实例（1）

第二个实例也是英镑兑美元日线走势，E 点的确认是 1 倍扩展点位处出现了早晨之星（见图 3-75），这就确认了多头进场做多信号。

图 3-75　222 形态多头进场信号实例（2）

222 形态做空信号的两个要素则分别是：第一，E 点位于 1 倍扩展点位处；第二，看跌反转 K 线出现在 1 倍扩展点位附近（见图 3-76）。

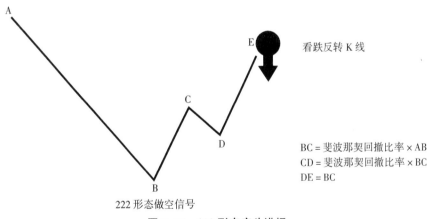

图 3-76　222 形态空头进场

我们来看一个具体的实例，英镑兑美元日线走势中 AB 段大幅下跌，BC 段回升。刚开始可以将 BC 段看成是对 AB 段的修正，因此常常符合某个斐波那契回撤比率。CD 段是对 BC 段的修正，然后 D 点开始恢复涨势。以 BC 段为单位 1，以 D 点作为起点，向上做出斐波那契扩展点位线谱。最终，价格在 1 倍扩展点位附近出现了看跌吞没，E 点确认，进场做空信号出现（见图 3-77）。

图 3-77　222 形态空头进场信号实例（1）

第二个 222 形态空头进场的实例涉及美元兑日元日线走势，最终确认 1 倍扩展点位的看跌反转形态是看跌孕线（见图 3-78），由此 E 点确认，进场时机确认。

图 3-78　222 形态空头进场信号实例（2）

接着，我们介绍 222 形态进场后初始止损点的设定问题。先看做多的情况，E 点附近进场后，初始止损放在看涨反转 K 线形态最低点下面一点（见图 3-79）。具体的实例可以参考美元兑日元日线走势这个例子，E 点附近出现复杂早晨之星之后进场做多，将初始止损放置在复杂早晨之星最低点下面一点（见图 3-80），不过后来汇价**继续下跌，触及止损**。

任何关于金融市场的分析都是概率性的，即使加上基本分析之后也无法变成确定性的分析。

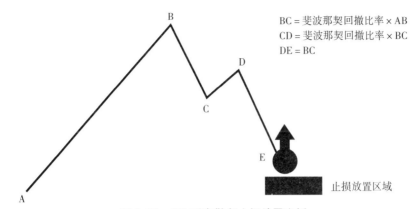

BC = 斐波那契回撤比率 × AB
CD = 斐波那契回撤比率 × BC
DE = BC

止损放置区域

图 3-79　222 形态做多止损放置实例

图 3-80　222 形态做多止损放置实例

222 形态做空情形下，初始止损放置在看跌反转 K 线形态最高点之上一点（见图 3-81），美元兑日元日线走势这个例子中就是放置在看跌吞没最高价上方一点（见图 3-82）。

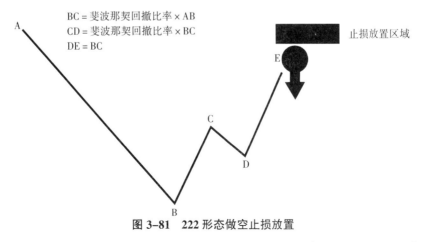

BC = 斐波那契回撤比率 × AB
CD = 斐波那契回撤比率 × BC
DE = BC

止损放置区域

图 3-81　222 形态做空止损放置

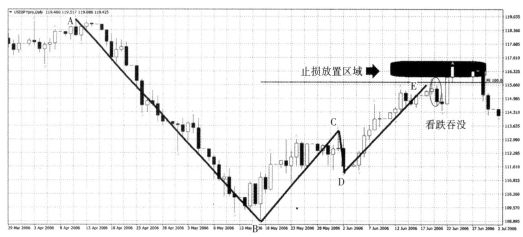

图 3-82　222 形态做空止损放置实例

关于 222 形态，我们已经介绍了相关的形态和比率关系，也演示了进场点确认和初始止损放置。下面我们讲一下 222 形态利润兑现的手法，首先讲做多情形下有了利润什么时候出场。在 222 多头形态的情形下，我们在 E 点附近进场做多，我们以 BE 段作为单位 1，以 E 点作为起点，向上做出斐波那契回撤线谱，当价格在某一斐波那契回撤点位出现看跌反转 K 线的时候，F 点确认，出场时机到了（见图 3-83）。

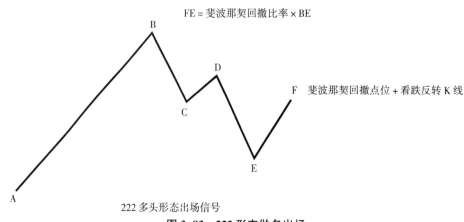

图 3-83　222 形态做多出场

我们来看一个具体的实例，英镑兑美元日线走势中 A、B、C、D 四点构成了 222 多头形态的雏形，以 BC 段为单位 1，以 D 点为起点，向下做出斐波那契扩展点位，在 1 倍扩展处出现了早晨之星，进场做多（见图 3-84）。进场之后，首先在早晨之星最低点下方不远处设定初始止损。此后，汇价照着预期的方向前进，我们以 BE 作为单位 1，以 E 点作为起点，做出斐波那契回撤线谱。最终，汇价在 0.618 附近出现了黄昏之

星，出场时机确认，这就是我们要找的 F 点（见图 3-85）。

图 3-84　222 形态做多出场实例（1）

图 3-85　222 形态做多出场实例（2）

那么，在遇到 222 空头形态进场之后，如果行情按照预期的方向下跌，我们如何确定出场时机呢？以 BE 段作为单位 1，以 E 点作为起点，做出向下斐波那契回撤线谱。如果在某一个特定斐波那契回撤点位出现了看涨反转 K 线，则空头出场点就确定了，也就是 F 点（见图 3-86）。

我们来看一个具体的实例，欧元兑美元 1 小时走势中出现了 222 空头形态，我们在 1 倍扩展点位处见到了十字星，确认 E 点，进场做空（见图 3-87）。进场后，首先在十字星最高点之上不远处设定初始止损。此后，价格按照我们预期一般下跌，这个时候我们就要以 BE 点作为单位 1，以 E 点作为起点向下绘制斐波那契回撤点位，等待

价格确认，最终在 0.786 点位附近出现了早晨之星，于是空头平仓离场（见图 3-88）。

222 空头形态出场信号

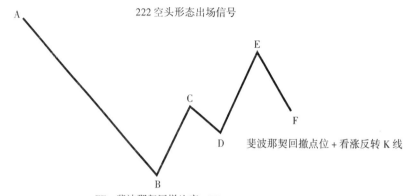

FE = 斐波那契回撤比率 × BE

斐波那契回撤点位 + 看涨反转 K 线

图 3-86　222 形态做空出场

图 3-87　222 形态做空出场实例（1）

出场信号：0.786 回撤 + 早晨之星

图 3-88　222 形态做空出场实例（2）

222 形态其实是一个非常特殊的形态，要求 1 倍扩展，如果我们将这个条件放开，那么交易机会更多。如果我们对那些大于 1 倍扩展的形态进行归纳，会得到很多更有实际意义的典型形态，比如蝙蝠形态。下面我们就对这种特殊的 222 形态进行讲解，从中大家可以衍生出自己的特定交易思路。蝙蝠多头形态与 222 多头形态最大的区别在于：222 形态中的 DE 段等于 BC 段，而蝙蝠形态中的 DE 段则等于或大于 1 的斐波那契扩展比率乘以 BC 段（见图 3–89）。不过，这里还要强调一点，E 点要高于 A 点，否则就**变成其他形态了**。

形态的名字各不相同，但是其共同规律都是斐波那契回撤比率与斐波那契扩展比率关系。

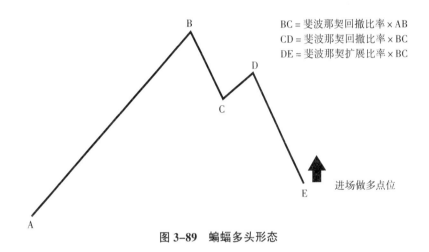

BC = 斐波那契回撤比率×AB
CD = 斐波那契回撤比率×BC
DE = 斐波那契扩展比率×BC

进场做多点位

图 3–89 蝙蝠多头形态

我们来看一些具体的实例，英镑兑美元从 A 点上涨到 B 点，然后下跌到 C 点，继而反弹到 D 点，最终跌破前低 C 点。我们以 BC 段为单位 1，以 D 点作为起点，向下做出斐波那契扩展线谱，在 1.382 扩展点位处转折，这就是一个典型的蝙蝠多头形态（见图 3–90）。1.382 扩展点位的具体含义其实就是"DE 段的波幅 = 1.382×BC 段的波幅"。在蝙蝠多头形态中，1.382 是最频繁简单的扩展比率关系，比如第二个实例中（见图 3–91）和第三个实例中（见图 3–92），你可以看到非常精妙的 1.382 比率关系。

图 3-90　蝙蝠多头形态实例（1）

图 3-91　蝙蝠多头形态实例（2）

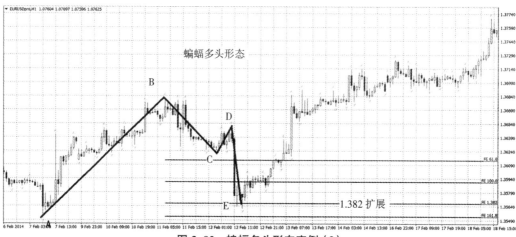

图 3-92　蝙蝠多头形态实例（3）

蝙蝠空头形态与 222 空头形态类似，只是 DE 段与 BC 段的斐波那契比率关系大于 1，比如 1.382 和 1.618 等比率关系。需要注意的关键在于，出于定义上的原因，E 点要稍低于 A 点（见图 3-93），否则就不是**蝙蝠空头形态**，而是其他形态了。

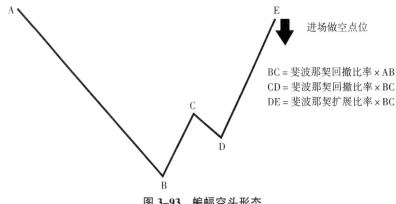

BC = 斐波那契回撤比率 × AB
CD = 斐波那契回撤比率 × BC
DE = 斐波那契扩展比率 × BC

图 3-93　蝙蝠空头形态

我们来看一些具体的实例，第一个例子是欧元兑美元日线走势，DE 段等于 BC 段的 1.382 倍（见图 3-94），这是非常典型的蝙蝠形态。第二个例子是英镑兑美元 4 小时走势，DE 段等于 BC 段的 1.618 倍（见图 3-95），这也是非常典型的蝙蝠形态。第三个例子则是时间框架比较小的例子，英镑兑美元 30 分钟走势，DE 段等于 BC 段的 1.618 倍（见图 3-96）。

图 3-94　蝙蝠空头形态实例（1）

蝙蝠空头形态的大致轮廓大家已经掌握了，接下来就是如何确认具体进场点的问题了。

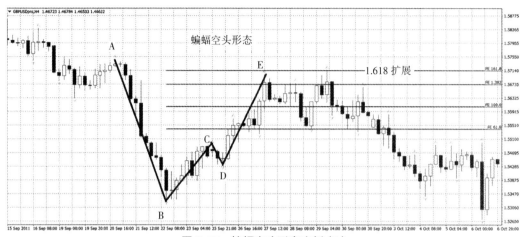

图 3-95　蝙蝠空头形态实例（2）

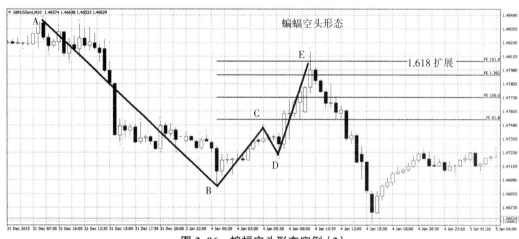

图 3-96　蝙蝠空头形态实例（3）

　　一般情况下，我们至少要等到 A、B、C、D 四个点出来，而 E 点在形成中，才能大致确定这是一个潜在的加特力 222 形态或者蝙蝠形态（或者其他类似形态）。就做多的情形而言，在 A、B、C、D 四个点出来的时候，我们对 BC 段与 AB 段的比率关系与 CD 段与 BC 段的比率关系都是以目测为主，大致符合即可，重点是考察潜在的 DE 段是不是会符合条件。以 BC 段作为单位 1，以 D 点作为起点，如果在大于 1 的斐波那契扩展点位处出现了看涨反转 K 线，那么**进场做多的机会**就确认了，这个时候应该立即入场（见图 3-97）。

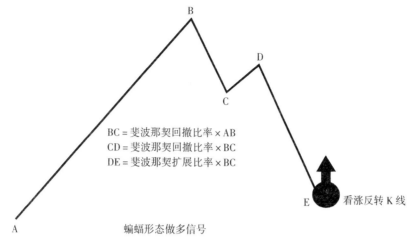

$BC = 斐波那契回撤比率 \times AB$
$CD = 斐波那契回撤比率 \times BC$
$DE = 斐波那契扩展比率 \times BC$

看涨反转 K 线

蝙蝠形态做多信号

图 3-97　蝙蝠形态多头进场信号

我们来看一个具体的例子，英镑兑美元日线走势上 AB 段上涨，然后 CD 段反弹，结束后恢复下跌。我们以 BC 段作为单位 1，以 D 点作为起点向下做出斐波那契扩展线谱，在 1.382 处出现了看涨吞没，进场做多时机出现了（见图 3-98）。

进场做多的胜算率有多高，空间有多大，这些除了技术层面的分析之外，最好还应结合大的市场背景去思考和分析，那么对行情大小的把握将更上一层楼。

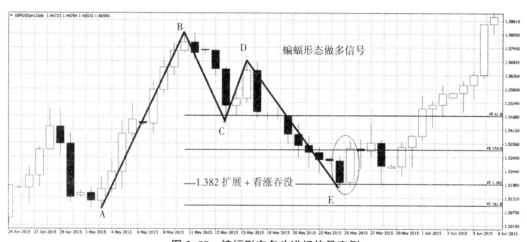

蝙蝠形态做多信号

1.382 扩展 + 看涨吞没

图 3-98　蝙蝠形态多头进场信号实例

蝙蝠空头形态进场的时机单就技术层面而言，主要是通过看跌反转 K 线来把握。A、B、C、D 四点出现之后，E 点的充分必要条件是看跌反转 K 线出现在某一斐波那契扩展比率点位附近，这个时候进场做空的信号就确认了（见图 3-99）。

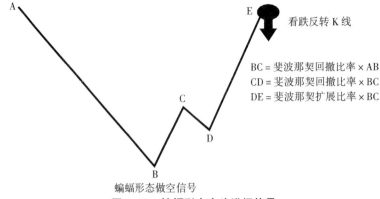

$BC = 斐波那契回撤比率 \times AB$
$CD = 斐波那契回撤比率 \times BC$
$DE = 斐波那契扩展比率 \times BC$

看跌反转 K 线

蝙蝠形态做空信号

图 3-99　蝙蝠形态空头进场信号

来看一个具体的实例，英镑兑欧元 15 分钟走势中汇价先从 A 点开始下跌，跌到 B 点之后汇价出现上涨，CD 段是调整，当汇价突破 C 点的时候，我们就要基于 B、C、D 三点做出斐波那契向上扩展线谱了，最终汇价在 1.618 点位附近出现了流星形态，E 点出现，蝙蝠空头形态最终确认，进场时机确立（见图 3-100）。

图 3-100　蝙蝠形态空头进场信号实例

进场之后设定初始止损的位置还是根据反转 K 线的极端价位来确认。蝙蝠形态做多信号出来以后，将止损放置在看涨反转 K 线最低价下方（见图 3-101）。如果 E 点距离 A 点非常近，也可以将初始止损放置在 A 点下方一点。

下面来看一个具体的实例，英镑兑美元 1 小时走势图，汇价在 E 点附近出现看跌反转 K 线信号，于是我们进场做空，并将初始止损放置在 E 点最高价之上的区域，此

后汇价触及止损。虽然，**此后价格确实回落，但是已经不是我们能够最终盈利的交易**（见图 3-102）。

交易必然存在很高的不确定性，只能在确定风险的前提下追逐不确定的利润。

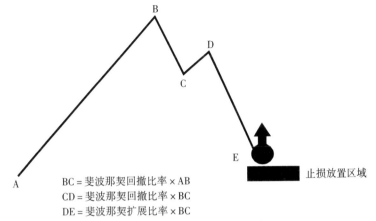

$$BC = 斐波那契回撤比率 \times AB$$
$$CD = 斐波那契回撤比率 \times BC$$
$$DE = 斐波那契扩展比率 \times BC$$

图 3-101　蝙蝠形态做多止损放置

图 3-102　蝙蝠形态做多止损放置实例

　　蝙蝠形态做空信号出来以后，我们及时在 E 点附近进场做空，初始止损一般放置在看跌反转 K 线形态最高价上方一点的区域。如果 A 点与 E 点距离非常近，则可以将初始止损放置在 A 点上方一点的位置（见图 3-103）。

　　我们来看一个具体的实例，美元兑日元 4 小时走势图上汇价从 A 点下跌到 B 点，然后回升到 C 点，继而调整到 D 点。升破 D 点的时候，我们就要根据 B、C、D 三点做出向上斐波那契扩展点位，等待价格形态给出进场信号。最终在

1.382 处出现流星形态之后，进场做空，将初始止损设定在流星形态最高价上面一些（见图 3-104）。

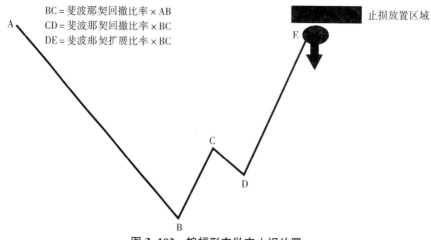

图 3-103　蝙蝠形态做空止损放置

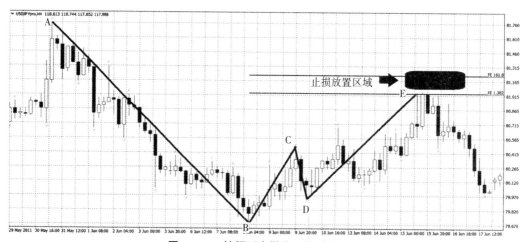

图 3-104　蝙蝠形态做空止损放置实例

　　蝙蝠形态做多之后，如果行情按照预期方向上涨，我们在什么点位出场呢？以 BE 段为单位 1，以 E 点为起点，向上做出斐波那契回撤线谱，如果在斐波那契某一回撤点位出现看跌反转 K 线的时候，F 点就确认了，多头就应该平仓或者减仓了（见图 3-105）。

　　来看一个具体的实例，没有实例不足以让大家明晰具体的操作。英镑兑美元日线走势上 A、B、C、D 四点构成一个潜在的蝙蝠多头形态，当早晨之星在 1.618 点位出现的时候，E 点确认，于是我们进场做多（见图 3-106）。初始止损放置在早晨之星最低点下方一些，不过此后汇价开始上涨。于是，我们以 BE 段作为单位 1，以 E 点作为起

点，向上做出斐波那契回撤线谱，等待价格给出出场信号。最终，汇价在 0.5 回撤点位
出现了纺锤十字星，于是我们平掉多头头寸出场（见图 3-107）。

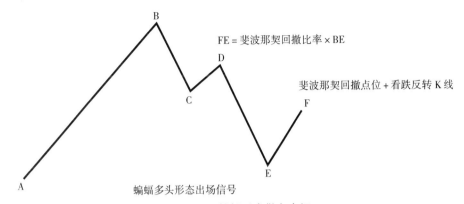

图 3-105　蝙蝠形态做多出场

图 3-106　蝙蝠形态做多出场实例（1）

图 3-107　蝙蝠形态做多出场实例（2）

我们一般都采用斐波那契回撤点位作为蝙蝠形态出场基准，如果价格突破1点，也就是突破B点还未出现反转K线，则可以利用斐波那契扩展点位。具体而言，就是利用A、B、E三点做出斐波那契扩展点位线谱。当然，有些加特力理论家喜欢采用BE段的外部回撤，我们一般不推荐。

蝙蝠空头形态的出场信号也是以BE段作为单位1，以E点作为起点，向下做出斐波那契回撤点位，然后等待看涨反转K线的出现。当看涨反转K线出现在某一斐波那契回撤点位的时候，**F点就确认了**，做空出场点也确认了（见图3-108）。

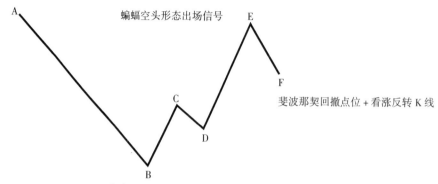

蝙蝠空头形态出场信号

斐波那契回撤点位 + 看涨反转K线

FE = 斐波那契回撤比率 × BE

图3-108　蝙蝠形态做空出场

以具体事例来说明蝙蝠形态做空出场的过程，英镑兑美元1小时走势上汇价走了A、B、C、D四个点，以B、C、D三点做出斐波那契向上扩展线谱，1.382附近出现十字星，确认E点，进场做空（见图3-109）。此后，汇价如预期一般下跌，于是我们以BE段作为单位1，以E点作为起点，向下做

进场做空：1.382扩展 + 十字星

图3-109　蝙蝠形态做空出场实例（1）

出斐波那契扩展线谱。汇价跌到 0.5 点位的时候，出现了看涨孕线，F 点出现，空头出场或者减仓（见图 3-110）。

图 3-110 蝙蝠形态做空出场实例（2）

第三节　蝴蝶形态和变种的交易策略

蝴蝶形态与蝙蝠形态几乎一样，只有一点差别，不过在加特力理论界绝大多数学者倾向于区分两者。我们这里专门开了一节来介绍蝴蝶形态，不过最后还是希望大家掌握其普遍特征，没有必要刻意区别 222 形态、蝙蝠形态、螃蟹形态和蝴蝶形态等若干类似形态，真正需要关注的是斐波那契比率关系是否具备。我们先来看蝴蝶多头形态的特征，蝴蝶多头形态与蝙蝠形态在形态上一致，比率上也是一样的。与蝙蝠形态一样的关键点是 DE 段波幅等于斐波那契**扩展比率**乘以 BC 段，只是 E 点要低于 A 点（见图 3-111）。

来看一些具体的蝴蝶多头形态实例，第一个例子是美元兑日元 30 分钟走势中出现的，A、B、C、D 四点出现后我们还不知道形态最终发展成什么样。直到 E 点出现，DE 波段的幅度恰好等于 BC 波段幅度的 1.382 倍，而且 E 点低于 A 点，这是一个典型的蝴蝶多头形态（见图 3-112）。

这个斐波那契扩展比率与蝙蝠形态一样，要求大于 1。

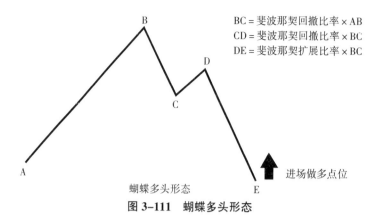

BC = 斐波那契回撤比率 × AB
CD = 斐波那契回撤比率 × BC
DE = 斐波那契扩展比率 × BC

进场做多点位

蝴蝶多头形态

图 3-111　蝴蝶多头形态

图 3-112　蝴蝶多头形态实例（1）

同样是 DE 段等于斐波那契扩展比率乘以 BC 段，但是由于 E 点与 A 点的相对位置不对应，就被定义为多个形态，这是加特力理论显得冗余的原因之一。

第二个例子则是美元兑日元 1 小时走势中出现的，DE 波段的幅度等于 BC 波段幅度的 1.618 倍，**E 点低于 A 点**，这是一个典型的蝴蝶多头形态（见图 3-113）。

第三个例子是英镑兑美元日线走势中的蝴蝶多头形态，DE 段也是 BC 段的 1.618 倍，此后的上涨幅度非常大，已经超过了 B 点（见图 3-114）。

空头蝴蝶形态的 E 点高于 A 点，而 DE 段的波幅是 BC 段的波幅乘以大于 1 的斐波那契扩展比率（见图 3-115）。

来看几个具体的蝴蝶空头形态实例，三个例子都是 1.618 倍扩展的类型，第一个例子是欧元兑美元 30 分钟走势上的实例（见图 3-116），第二个例子（见图 3-117）和第三个例子（见图 3-118）都是美元兑日元**日线走势上的实例**。

蝴蝶空头形态中，1.618 扩展比率类型是最多的。

图 3-113 蝴蝶多头形态实例（2）

图 3-114 蝴蝶多头形态实例（3）

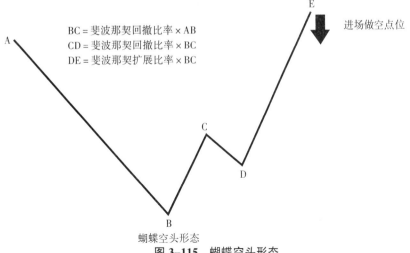

BC = 斐波那契回撤比率 × AB
CD = 斐波那契回撤比率 × BC
DE = 斐波那契扩展比率 × BC

进场做空点位

蝴蝶空头形态

图 3-115 蝴蝶空头形态

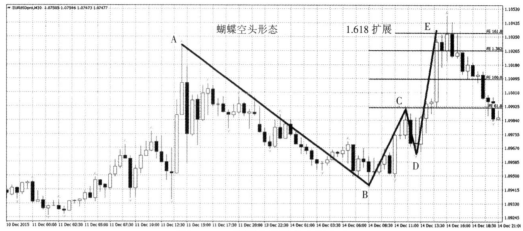

图 3-116　蝴蝶空头形态实例（1）

图 3-117　蝴蝶空头形态实例（2）

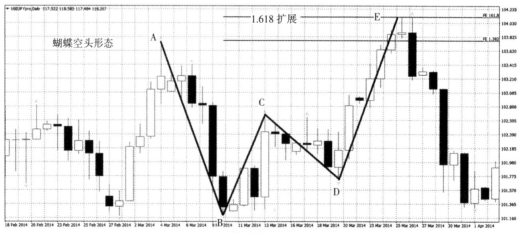

图 3-118　蝴蝶空头形态实例（3）

蝴蝶形态进场做多信号的充分必要条件是在大于 1 的斐波那契扩展点位处出现了看涨反转 K 线形态，也就是通过斐波那契点位和看涨 K 线确认 E 点（见图 3-119）。

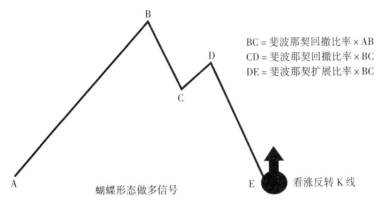

BC = 斐波那契回撤比率 × AB
CD = 斐波那契回撤比率 × BC
DE = 斐波那契扩展比率 × BC

蝴蝶形态做多信号

看涨反转 K 线

图 3-119 蝴蝶形态多头进场信号

来看具体的蝴蝶形态做多进场实例，第一个例子是英镑兑美元 15 分钟走势上汇价 A、B、C、D 四点确定了大致的形态框架，跌到 1.382 向下扩展点位的时候出现了锤头形态，这就是蝴蝶形态进场做多信号（见图 3-120）。

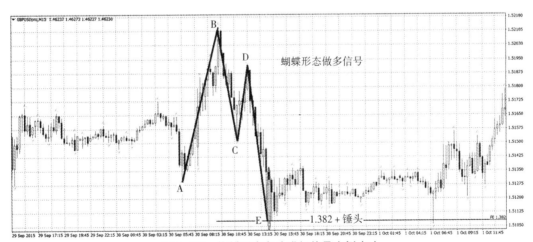

图 3-120 蝴蝶形态多头进场信号实例（1）

第二个例子是美元兑日元日线走势，A、B、C、D 四点确定大致框架，汇价在 1.618 扩展点位处出现了**十字星形态**，E 点确认，进场做多信号出现（见图 3-121）。

本例中，十字星处于一个复杂早晨之星形态中间。

095

图 3-121　蝴蝶形态多头进场信号实例（2）

蝴蝶形态做空信号确认的充分必要条件是看跌反转 K 线出现在大于 1 的斐波那契向上扩展点位处，也即是 E 点。一旦这个条件满足，则进场做空的时机就到了（见图 3-122）。

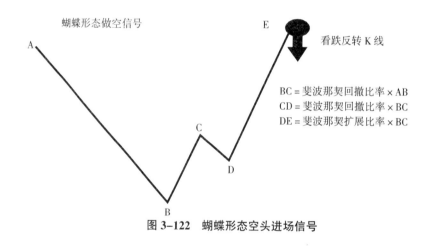

图 3-122　蝴蝶形态空头进场信号

我们来看一些具体的实例，第一个例子是美元兑瑞士法郎 1 小时走势，A、B、C、D 四点确定框架后，等待汇价确定形态，最终汇价在 1.382 向上扩展点位出现了看跌吞没，E 点确认，这是进场做空信号（见图 3-123）。

第二个例子是**美元兑瑞士法郎 5 分钟**走势中出现的，最终汇价在 1.618 向上扩展点位处出现了黄昏之星，E 点确认，进场做空信号出现（见图 3-124）。

对于外汇交易而言，考虑点差因素之后的 5 分钟一般是最小交易时间框架。

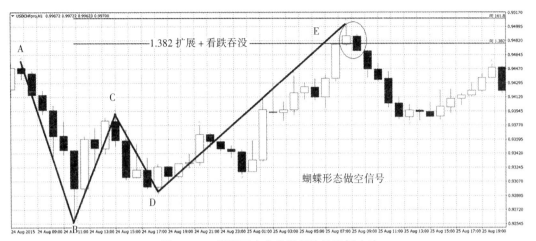

图 3-123 蝴蝶形态空头进场信号实例（1）

图 3-124 蝴蝶形态空头进场信号实例（2）

蝴蝶形态做多之后的初始止损放置在看涨反转 K 线最低价下面一点（见图 3-125），比如欧元兑美元 15 分钟走势中，1.382 附近出现看涨反转 K 线，初始止损就放在这一区域下面一点，最终还是触发了止损（见图 3-126）。另外一个实例中，1.618 扩展点位处出现看涨反转 K 线，初始止损设定在最低点下方一点，也被触发（见图 3-127）。

蝴蝶做空信号的初始止损放置在看跌反转 K 线最高价上方一点（见图 3-128），比如美元兑瑞士法郎 5 分钟走势中流星出现在 1.382 点位附近，进场做空后初始止损放置在流星最高价上面一点（见图 3-129）。

蝴蝶形态进场后何时出场呢？绝大多数情况下我们会采用斐波那契回撤点位，当行情直接突破 B 点，而没有出现任何反转 K 线的时候，才会采用斐波那契扩展点位或者斐波那契外部回撤点位。蝴蝶形态进场做多之后，确认潜在的出场点 F 需要斐波那

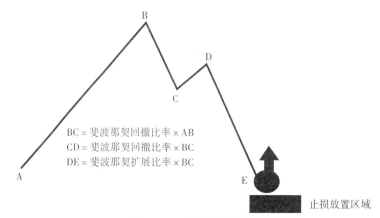

BC = 斐波那契回撤比率 × AB
CD = 斐波那契回撤比率 × BC
DE = 斐波那契扩展比率 × BC

止损放置区域

图 3-125 蝴蝶形态做多止损放置

图 3-126 蝴蝶形态做多止损放置实例（1）

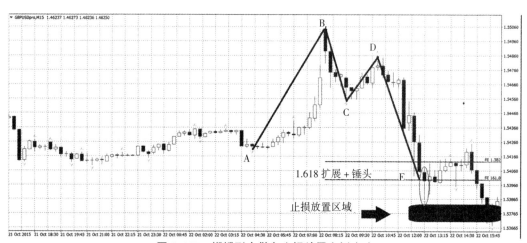

图 3-127 蝴蝶形态做多止损放置实例（2）

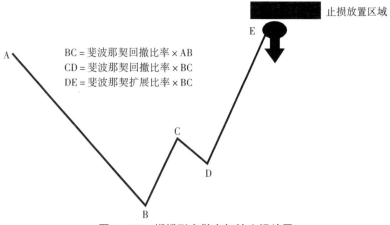

BC = 斐波那契回撤比率 × AB
CD = 斐波那契回撤比率 × BC
DE = 斐波那契扩展比率 × BC

止损放置区域

图 3-128　蝴蝶形态做空初始止损放置

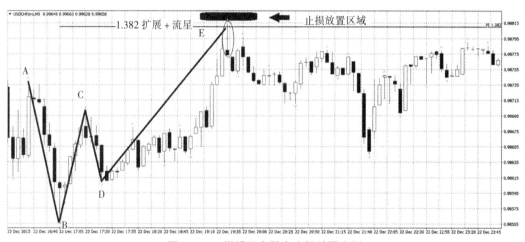

图 3-129　蝴蝶形态做空止损放置实例

契回撤点位和看跌反转 K 线两重条件。以 BE 段作为单位 1，以 E 点作为起点，绘制向上斐波那契回撤线谱，当看跌反转 K 线出现在某一点位的时候，F 点确认，多头平仓或者减仓（见图 3-130）。

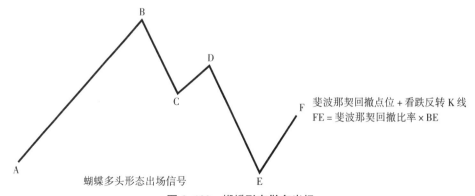

斐波那契回撤点位 + 看跌反转 K 线
FE = 斐波那契回撤比率 × BE

蝴蝶多头形态出场信号

图 3-130　蝴蝶形态做多出场

以一个具体事例来说明蝴蝶形态的进出场完整过程，美元兑瑞士法郎日线走势中出现了蝴蝶做多信号，具体而言就是在 1.382 点位附近出现了看涨吞没，E 点确认，进场做多（见图 3-131）。以 BE 段为单位 1，以 E 点作为起点，做出斐波那契回撤线谱，在 0.786 点位出现看跌吞没，多头离场或者减仓（见图 3-132）。

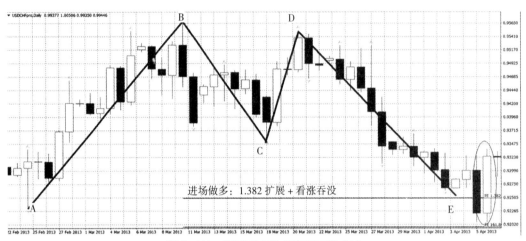

图 3-131　蝴蝶形态做多出场实例（1）

图 3-132　蝴蝶形态做多出场实例（2）

蝴蝶形态做空后的出场点 F 又如何确定呢？与上述多头出场点的确定呈现镜像关系，以 BE 段作为单位 1，以 E 点作为起点向下做出斐波那契回撤线谱，然后等待 K 线形态的确认。当看涨反转 K 线出现在某一斐波那契回撤点位的时候，**F 点就确认了**，

空头头寸就应该了结（见图3-133）。

F点跌破B点的情况也有，这个时候你怎么确定出场时机呢？前面我们有几次提到过类似情况怎么解决，你是否记得？

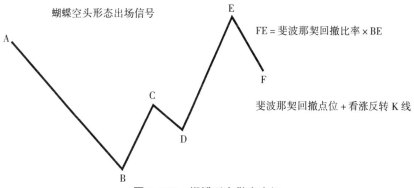

图3-133　蝴蝶形态做空出场

　　来看一个具体的实例，美元兑瑞士法郎1小时走势中出现A、B、C、D四点，我们以BC段为单位1，以D点为起点，做出向上斐波那契扩展线谱。汇价在1.382点位附近出现了流星形态，E点确认，做空进场（见图3-134）。此后，汇价如预期下跌，我们以BE段作为单位1，以E点作为起点，向下做出斐波那契回撤线谱，最终价格在0.5点位处出现了看涨孕线，空头平仓出场（见图3-135）。

图3-134　蝴蝶形态做空出场实例（1）

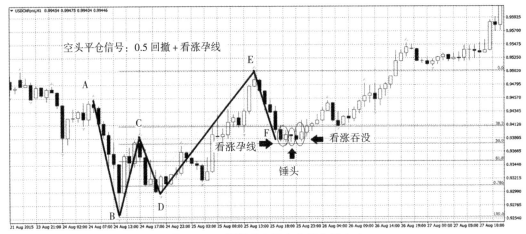

图 3-135　蝴蝶形态做空出场实例（2）

蝴蝶形态有一个变种，被称为螃蟹形态，它的 E 点也突破了 A 点，不过幅度更大，其 DE 段也等于 BC 段乘以大于 1 的斐波那契扩展比率，而且是更大的斐波那契比率。

螃蟹多头形态的 E 点远低于 A 点，而 DE 段的长度也显著长于 BC 段（见图 3-136）。我们来看两个实例，第一个实例是美元兑瑞士法郎日线走势，DE 段的波幅等于 3.618 倍 BC 段的波幅（见图 3-137）。第二个实例是欧元兑美元日线走势，DE 段的波幅等于 1.618 倍 BC 段（见图 3-138）。两个实例中 E 点都大幅低于 A 点，这就是**螃蟹多头形态与蝴蝶多头形态**的显著区别。

既然蝴蝶形态跟螃蟹形态这么相似，为什么还要分开介绍？为了完整地介绍加特力理论各部分的关系，我们肯定要先从薄到厚，最后一节我们会完成从厚到薄的过程。

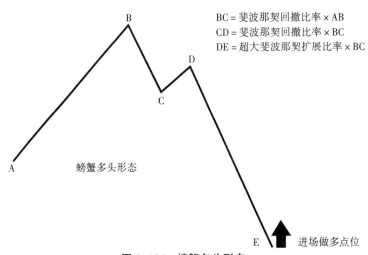

BC = 斐波那契回撤比率 × AB
CD = 斐波那契回撤比率 × BC
DE = 超大斐波那契扩展比率 × BC

螃蟹多头形态

进场做多点位

图 3-136　螃蟹多头形态

图 3-137　螃蟹多头形态实例（1）

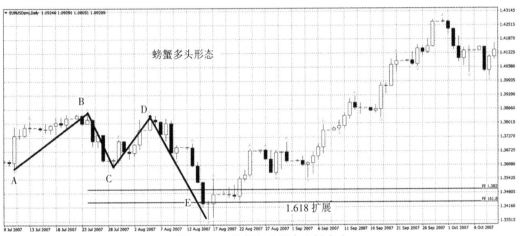

图 3-138　螃蟹多头形态实例（2）

　　螃蟹空头形态与蝴蝶空头形态的主要区别在于 E 点是否大幅高于 A 点，由此看来两者之间无非就是一个量的差别，并无质的区别（见图 3-139）。螃蟹空头形态的 E 点大幅高于 A 点，例如在美元兑日元 1 小时走势中，1.618 扩展比率的螃蟹空头形态（见图 3-140），以及美元兑瑞士法郎 2.618 扩展比率的螃蟹空头形态（见图 3-141），两个例子中 E 点显著高于 A 点。

　　螃蟹形态做多进场信号是要寻找 F 点，如何确定这个点呢？以 BC 段为单位 1，以 D 点为起点，向下做出斐波那契扩展线谱。当看涨反转 K 线出现在某一斐波那契扩展点位的时候，进场做多的信号就具备了（见图 3-142）。

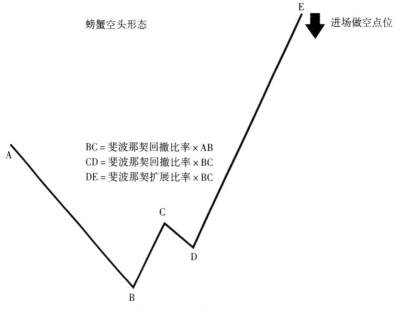

BC = 斐波那契回撤比率 × AB
CD = 斐波那契回撤比率 × BC
DE = 斐波那契扩展比率 × BC

图 3-139　螃蟹空头形态

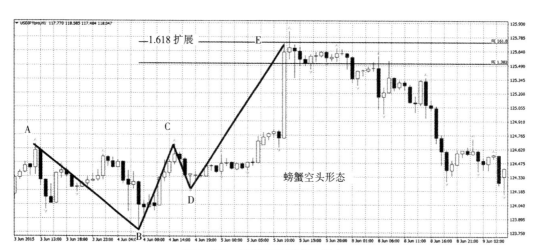

图 3-140　螃蟹空头形态实例（1）

图 3-141　螃蟹空头形态实例（2）

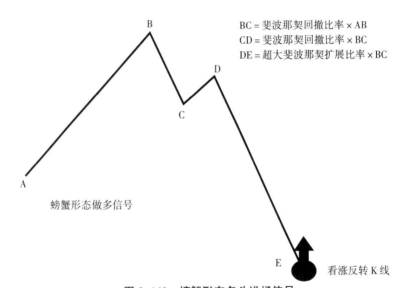

$BC = 斐波那契回撤比率 \times AB$
$CD = 斐波那契回撤比率 \times BC$
$DE = 超大斐波那契扩展比率 \times BC$

图 3-142　螃蟹形态多头进场信号

来看两个实例，第一个例子是美元兑瑞士法郎 1 小时走势，AB 段上涨，BC 段下跌，但是 C 点并未超过 A 点，反弹到 D 点。此后恢复跌势，我们以 BC 段为单位 1，以 D 点作为起点，向下做出斐波那契扩展线谱。此后，价格在 1.382 点位处出现了早晨之星，这就是 E 点。因为 E 点大幅低于 A 点，因此我们将这个走势归类为螃蟹多头形态（见图 3-143）。

第二个例子是美元兑瑞士法郎日线走势，DE 段等于 BC 段 1.618 的时候下跌才止住，出现了十字星，E 点确认，进场做多信号出现（见图 3-144）。

图 3-143　螃蟹形态多头进场信号实例（1）

图 3-144　螃蟹形态多头进场信号实例（2）

　　螃蟹形态做空信号与做多信号呈现镜像关系，在显著高于 A 点的斐波那契向上扩展点位处出现了看跌反转 K 线则进场做空信号确立（见图 3-145）。来看两个例子，第一个例子是美元兑瑞士法郎在 1.382 扩展点位出现了流星，这是螃蟹形态做空信号（见图 3-146）。第二个例子是欧元兑美元 4 小时走势中 1.382 扩展点位出现了看跌孕线，E 点也是大幅高于 A 点，螃蟹形态做空信号确立（见图 3-147）。

　　螃蟹形态做多之后，止损放置在看涨反转 K 线最低价下方一点（见图 3-148）。比如，欧元兑美元 15 分钟走势中 2.618 点位处出现了看涨吞没，进场之后初始止损放置在看涨吞没最低价下方一点（见图 3-149）。

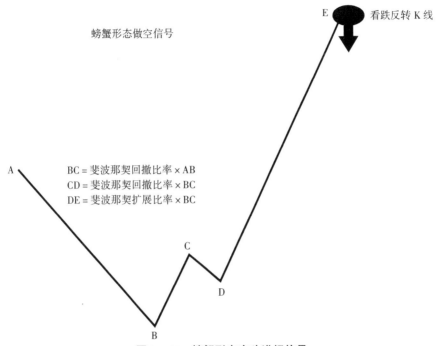

螃蟹形态做空信号

BC = 斐波那契回撤比率 × AB
CD = 斐波那契回撤比率 × BC
DE = 斐波那契扩展比率 × BC

看跌反转 K 线

图 3-145 螃蟹形态空头进场信号

图 3-146 螃蟹形态空头进场信号实例（1）

图 3-147　螃蟹形态空头进场信号实例（2）

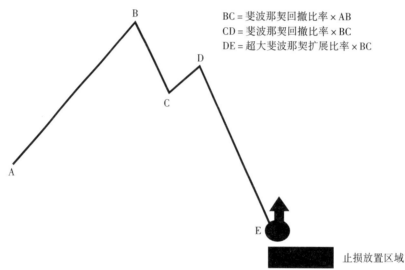

BC = 斐波那契回撤比率 × AB
CD = 斐波那契回撤比率 × BC
DE = 超大斐波那契扩展比率 × BC

图 3-148　螃蟹形态做多止损放置

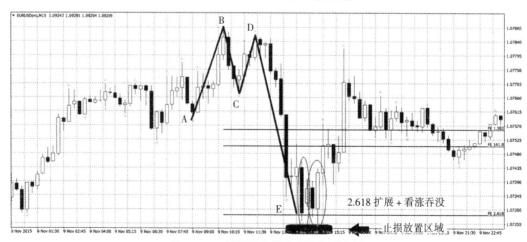

图 3-149　螃蟹形态做多止损放置实例

螃蟹形态做空之后，止损放置在看跌反转 K 线最高价上方一点（见图 3-150）。比如，欧元兑美元 15 分钟走势中 2.618 点位处出现了流星形态，**进场之后初始止损放置在流星形态最高价上方一点**（见图 3-151）。

加特力形态这章中我们对初始止损的设定是较为简单的，目的是为了便于大家掌握，因为学习的过程必然是一个个要点掌握的过程，一下子讲三个以上的要点是无法做到的。

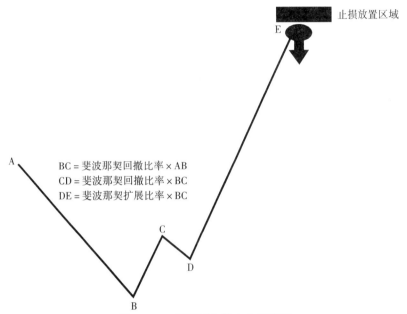

图 3-150 螃蟹形态做空止损放置

图 3-151 螃蟹形态做空止损放置实例

螃蟹形态做多之后的出场时机把握也要从斐波那契点位和 K 线两个角度入手，以 BE 段作为单位 1，以 E 点作为起点

向上做出斐波那契回撤线谱。如果在某一斐波那契点位出现了看跌反转 K 线，则多头头寸应该了结或者减仓（见图 3-152）。

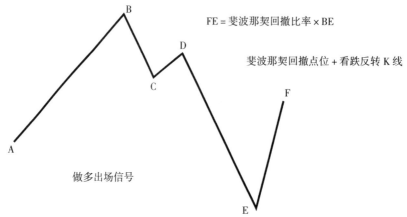

FE = 斐波那契回撤比率 × BE

斐波那契回撤点位 + 看跌反转 K 线

做多出场信号

图 3-152　螃蟹形态做多出场

螃蟹形态的出场与蝴蝶形态的出场其实是一样的。

　　来看一个实例，英镑兑美元 1 小时走势中 A、B、C、D 四点可以初步确认存在进场机会，以 BC 段为单位 1，D 点为起点向下做出斐波那契扩展线谱，在 1.618 点位处出现了早晨之星，E 点确认，进场做多（见图 3-153）。进场做多之后，价格如预期一样上涨。这时我们以 BD 段为单位 1，以 E 点为起点，**向上做出斐波那契回撤线谱**。最终，在 0.382 回撤点位处出现了流星形态，多头应该平仓或者减仓（见图 3-154）。

进场做多：1.618 扩展 + 早晨之星

图 3-153　螃蟹形态做多出场实例（1）

图 3-154　螃蟹形态做多出场实例（2）

螃蟹形态做空之后的出场时机把握也要从斐波那契点位和 K 线两个角度入手，以 BE 段作为单位 1，以 E 点作为起点向下做出斐波那契回撤线谱。如果在某一斐波那契点位出现了看涨反转 K 线，则空头头寸应该了结或者减仓（见图 3-155）。

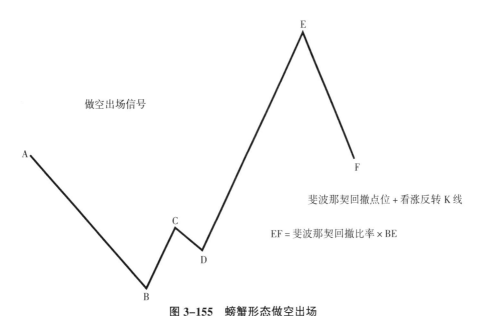

图 3-155　螃蟹形态做空出场

举一个实例，英镑兑美元 15 分钟走势中 A、B、C、D 四点可以初步确认存在进场机会，以 BC 段为单位 1，D 点为起点向下做出斐波那契扩展线谱，在 1.382 点位处出现了锤头形态，E 点确认，进场做多（见图 3-156）。进场做多之后，价格如预期一样上涨。这时我们以 BD 段为单位 1，以 E 点为起点，向上做出斐波那契回撤线谱。最

终，在 0.382 回撤点位处出现了看跌孕线，多头应该平仓或者减仓（见图 3-157）。

图 3-156　螃蟹形态做空出场实例（1）

图 3-157　螃蟹形态做空出场实例（2）

第四节　三推浪形态的交易策略

三推浪形态又被称为三个小人，三个低点之后上涨或者三个高点之后下跌。三推浪多头形态是三个下跌浪是推动浪，它们分别是 AB 段、CD 段、EF 段，而中间夹着两个调整浪，分别是 BC 段和 DE 段。如果要探究其内部比率关系，则 BC 段为 AB 段乘以斐波那契回撤比率，DE 段为 CD 段乘以斐波那契回撤比率。实际运用中，对于前面

几个波段要求并不高，C 点不高于 A 点，E 点不高于 C 点，D 点低于 B 点，F 点低于 D 点即可（见图 3-158）。例如，英镑兑美元日线走势中就出现了典型的三推浪多头形态（见图 3-159）。

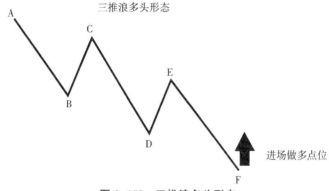

图 3-158　三推浪多头形态

图 3-159　三推浪多头形态实例

三推浪空头形态与多头形态是严格的镜像关系，其形态不再赘述（见图 3-160）。来看一个实例，英镑兑美元日线走势中出现的**三推浪空头形态**（见图 3-161）。

三推浪做多信号是在三推浪形态基本出来以后，在 F 点的位置出现了看涨反转 K 线，也就是说在低于 D 点的位置出现了看涨反转 K 线形态（见图 3-162）。举一个实例，英镑兑美元 4 小时走势中，F 点出现看涨吞没，这就是进场做多信号

三推浪形态并不是我们的重点，因为其可以从其他形态中得到演绎，而且该形态实用价值不高。

（见图 3-163）。

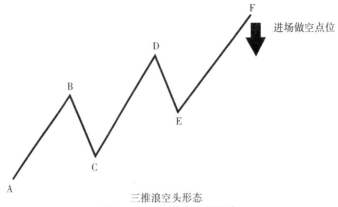

图 3-160 三推浪空头形态

图 3-161 三推浪空头形态实例

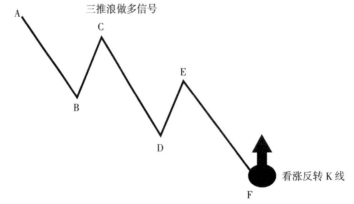

图 3-162 三推浪形态多头进场信号

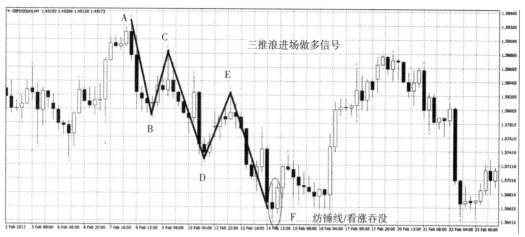

图 3-163　三推浪形态多头进场信号实例

　　三推浪做空信号则是在三推浪形态基本出来以后，在 F 点的位置出现了看跌反转 K 线，也就是说在高于 D 点的位置出现了看跌反转 K 线形态（见图 3-164）。举一个实例，英镑兑美元 1 小时走势中，F 点出现流星形态，这就是进场做空信号（见图 3-165）。

　　三推浪做多情形下初始止损的放置位置在 F 点之下一点（见图 3-166），例如英镑兑美元 4 小时走势这个实例中，初始止损就放置在看涨孕线最低价下方的区域（见图 3-167）。

　　三推浪做空情形下初始止损的放置位置在 F 点之上一点（见图 3-168），例如欧元兑美元 30 分钟走势这个实例中，初始止损就放置在看跌吞没最高价上方的区域（见图 3-169）。

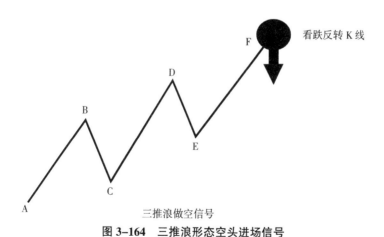

图 3-164　三推浪形态空头进场信号

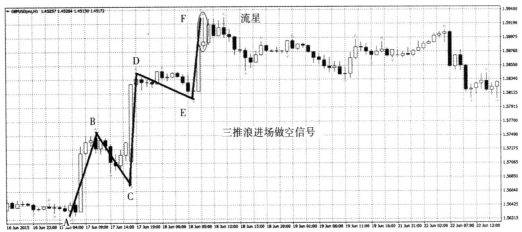

图 3-165　三推浪形态空头进场信号实例

三推浪做多情形下的止损设置

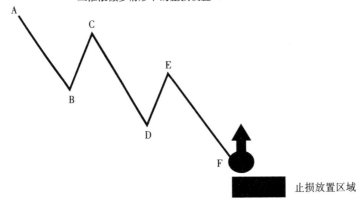

图 3-166　三推浪形态做多止损放置

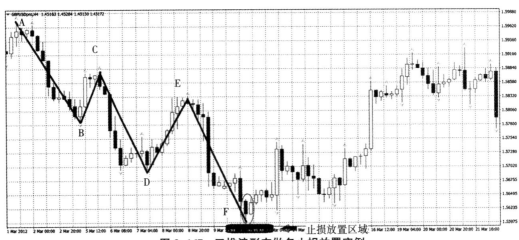

图 3-167　三推浪形态做多止损放置实例

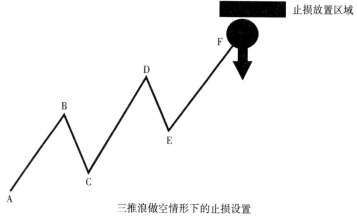

三推浪做空情形下的止损设置

图 3-168 三推浪形态做空止损放置

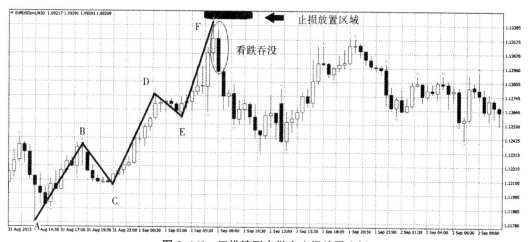

图 3-169 三推浪形态做空止损放置实例

　　三推浪多头出场时机如何确定呢？以 AF 段为单位 1，以 F 点为起点，向上做出斐波那契回撤线谱，当看跌反转 K 线确认特定点位时，出场点 G 确认，多头了结或者平仓（见图 3-170）。

　　来看一个具体的实例，美元兑日元日线走势中出现了三推浪多头形态，在低于 D 点的位置出现了锤头形态，F 点确认，进场做多（见图 3-171）。汇价如期反弹，以 AF 段为单位 1，以 F 点为起点向上做出斐波那契回撤线谱。此后，汇价在 0.786 点位处出现了看跌吞没，多头离场（见图 3-172）。

0.786 是一个非常容易见到的斐波那契回撤比率。

117

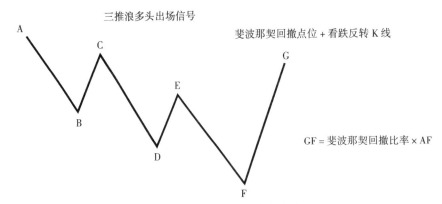
图 3-170　三推浪形态做多出场

图 3-171　三推浪形态做多出场实例（1）

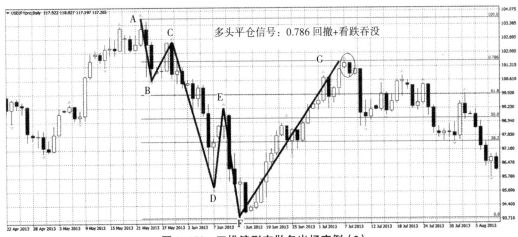
图 3-172　三推浪形态做多出场实例（2）

那么，三推浪空头出场时机如何确定呢？以 AF 段为单位 1，以 F 点为起点，向下做出斐波那契回撤线谱，当看涨反转 K 线确认特定点位时，出场点 G 确认，空头了结或者平仓（见图 3-173）。

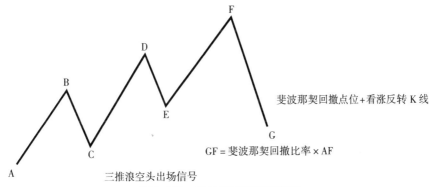

斐波那契回撤点位+看涨反转 K 线

GF = 斐波那契回撤比率×AF

三推浪空头出场信号

图 3-173　三推浪形态做空出场

来看一个具体的实例，欧元兑美元 30 分钟走势中出现了三推浪空头形态，在高于 D 点的位置出现了看跌吞没，F 点确认，进场做空（见图 3-174）。汇价如期下挫，以 AF 段为单位 1，以 F 点为起点向下做出斐波那契回撤线谱。此后，汇价在 0.618 点位处出现了早晨之星，空头离场（见图 3-175）。

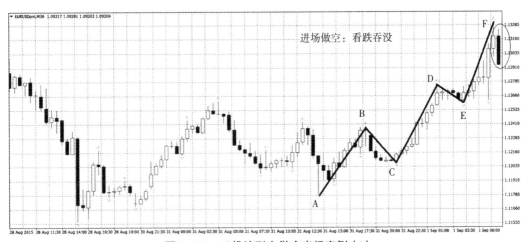

图 3-174　三推浪形态做空出场实例（1）

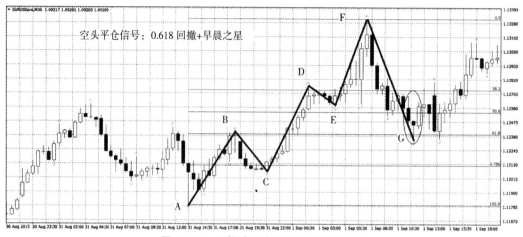

图 3-175　三推浪形态做空出场实例（2）

第五节　和谐波浪交易法的根本结构

前面四节我们讲了七种形态，用起来的时候肯定会有无所适从的感觉，这就是加特力波浪理论的特点。如果说艾略特波浪理论的弱点在于太过于完美的话，那么加特力波浪理论的弱点则在于太过于繁复。为了看穿加特力理论各种形态的实质，达到化繁为简的目的，我们特写了本节。之前，市面上关于加特力形态的书都痴迷于将市场走势与特定形态对号入座，但是一旦到了落地环节，这种做法就太吃力了。

其实，加特力前面六种主要形态都可以归纳为一种形态，我们在分析中只去分析这一种形态即可。先讲存在做空机会的情形（见图 3-176），AB 段大家都有，BC 段大家也都有，差别在于 DE 段。当 DE 段等于 BC 段，则 ABCDE 形态被定义为 222 空头形态；当 DE1 段等于斐波那契扩展比率乘以 BC 段，且 E1 点不超过 A 点则 ABCDE1 形态被定义为蝙蝠空头形态；当 DE2 段等于斐波那契扩展比率乘以 BC 段，且 E2 点小幅超过 A 点，则 ABCDE2 形态被定义为蝴蝶空头形态；当 DE3 段等于斐波那契扩展比率乘以 BC 段，且 E3 点大幅超过 A 点，则 ABCDE3 形态被定义为螃蟹空头形态。如果将 AB 段去掉，则 BCDE1234 则是闪电空头形态。因此，所有上述这些空头形态中的最基本构建是向上 N 字结构（见图 3-177）。在向上 N 字结构中，BC 段等于 AB 段乘以斐波那契回撤比率，而 CD 段是最关键的，因为我们要预测它的结束点 D，CD 段等于 AB 段乘以斐波那契扩展比率。因此，我们可以舍去 222 空头形态、蝙蝠空头形态、蝴

蝶空头形态、螃蟹空头形态、闪电空头形态，取而代之的就是一个简单的向上 N 字结构，简单地利用斐波那契向上扩展线谱加上看跌反转 K 线形态，就能估算出潜在的反转做空点。

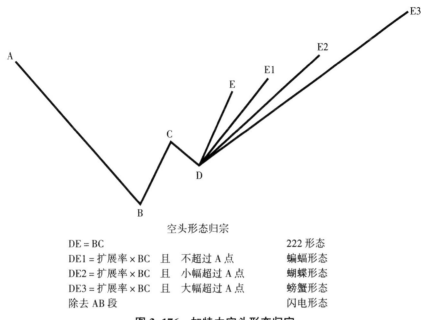

空头形态归宗

DE = BC	222 形态
DE1 = 扩展率×BC 且 不超过 A 点	蝙蝠形态
DE2 = 扩展率×BC 且 小幅超过 A 点	蝴蝶形态
DE3 = 扩展率×BC 且 大幅超过 A 点	螃蟹形态
除去 AB 段	闪电形态

图 3-176 加特力空头形态归宗

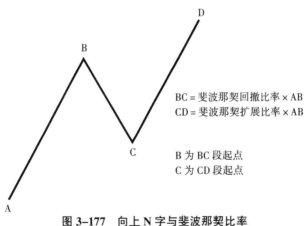

BC = 斐波那契回撤比率×AB
CD = 斐波那契扩展比率×AB

B 为 BC 段起点
C 为 CD 段起点

图 3-177 向上 N 字与斐波那契比率

再讲存在做多机会的情形（见图 3-178），同样 AB 段大家都有，BC 段大家也都有，差别在于 DE 段而已。当 DE 段等于 BC 段，则 ABCDE 形态被定义为 222 多头形态；当 DE1 段等于斐波那契扩展比率乘以 BC 段，且 E1 点不低于 A 点，则 ABCDE1 形态被定义为蝙蝠多头形态；当 DE2 段等于斐波那契扩展比率乘以 BC 段，且 E2 点小幅低于 A 点，则 ABCDE2 形态被定义为蝴蝶多头形态；当 DE3 段等于斐波那契扩展比率乘以 BC，且 E3 点大幅低于 A 点，则 ABCDE3 形态被定义为螃蟹多头形态。如果将 AB 段去掉，则 BCDE1234 则是闪电形态。因此，所有上述这些多头形态中的最基本构建是向下 N 字结构（见图 3-179）。在向下 N 字结构中，BC 段等于 AB 段乘以斐波那契回撤比率，而 CD 段是最关键的，因为我们要预测它的结束点 D，CD 段等于 AB 段乘以斐波那契扩展比率。因此，我们可以舍去 222 多头形态、蝙蝠多头形态、蝴蝶多头形态、螃蟹多头形态、闪电多头形态，取而代之的就是一个简单的向下 N 字结构，简单地利用斐波那契向下扩展线谱加上看涨反转 K 线形态，就能估算出潜在的反转做

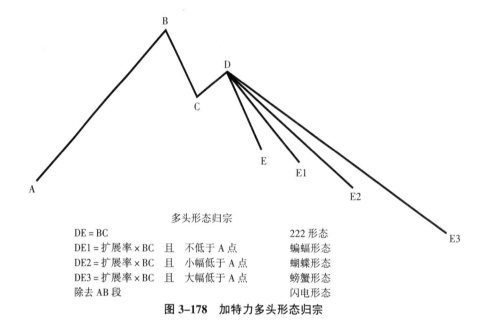

多头形态归宗

DE = BC	222 形态
DE1 = 扩展率×BC 且 不低于 A 点	蝙蝠形态
DE2 = 扩展率×BC 且 小幅低于 A 点	蝴蝶形态
DE3 = 扩展率×BC 且 大幅低于 A 点	螃蟹形态
除去 AB 段	闪电形态

图 3-178　加特力多头形态归宗

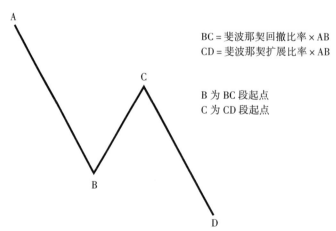

BC = 斐波那契回撤比率×AB
CD = 斐波那契扩展比率×AB

B 为 BC 段起点
C 为 CD 段起点

图 3-179　向下 N 字与斐波那契比率

多点。

经过上面这么一说，我们大家应该明白在实际运用中怎么去操作了。简而言之，就是见到一段推动浪和一段调整浪之后，**利用斐波那契扩展线谱来估算反转点，也就是已知 N 字结构中的 A、B、C 三点之后，推算发展中的 D 点**。知道这点，你就可以忘了加特力说的一大堆的这些形态了，当然如果作为分析师你还是可以时不时秀一下这些定义各不相同的形态名称。

说了主要的几种形态，那么三推浪形态该怎么解构呢？三推浪形态其实是由两个 N 字结构叠加而成的，比如空头三推浪就是两个向上 N 字结构构成的（见图 3-180），多头三推浪形态就是两个向下 N 字结构构成的（见图 3-181）。闪电形态就是 N 字结构的一种具体形态，所以你可以将三推浪看成是闪电形态和闪电变种形态构成的形态。

技术形态和技术指标太多，化繁为简才是王道！

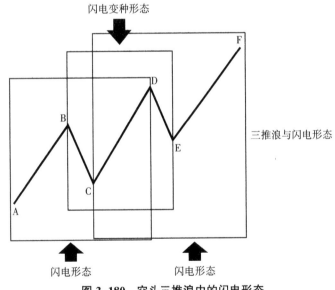

图 3-180 空头三推浪中的闪电形态

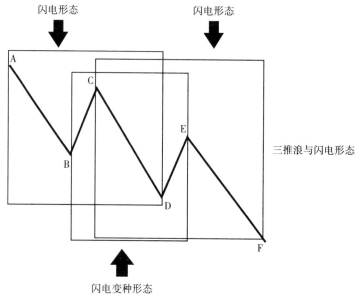

图 3-181　多头三推浪中的闪电形态

　　加特力形态的实质是什么？就是 ABC 三段论，就是斐波那契回撤比率和扩展比率而已，记住怎么做斐波那契回撤比率和扩展比率即可。这是前面章节已经讲到的内容，这里相当于将复杂的加特力形态解构为最简单的单一形态而已。

第四章

推动/调整波浪交易法

在本书开头几个章节，我们已经向大家讲授了被普遍认可和使用的斐波那契交易方法，这些方法的优势是非常符合斐波那契交易法的标准定义，但是缺点在于"容错空间"过小，对于千变万化的现实应对不足，显得过于理想化。本章是本书的精华所在，提供的方法具有三大特点：第一，不仅符合"截短亏损"的原则，同时也提供了"让利润奔跑"的策略，后者恰好是绝大部分斐波那契交易方法所欠缺的；第二，提供了过滤大多数虚假斐波那契触发信号的方法，这也是绝大多数斐波那契方法所欠缺的；第三，先定趋势，再定进场位置和时机，同时保留对市场趋势的变通态度，绝大多数斐波那契交易方法要么忽视对**市场趋势的研判，要么固执于某一方向的判断，对于意料之外的走向准备不足。**

正统斐波那契交易法统治着今天的金融交易领域，同时学院派金融专家则以随机漫步来对待金融市场，我们这里传授的"推动/调整波浪交易法"与这两者都不同，但是也可以看作是两者的融合，一种"中庸之道"。首先，本章介绍的"推动/调整浪交易法"认为市场的运动存在一些大概率的重复现象，市场在某些斐波那契点位出现反转的概率超过了50%，但是同时"推动/调整波浪交易法"也认为这些现象出现的概率远远达不到确定性的程度，所以我们每次交易都必须进行过滤，更为重要的是给交易留有足够的回旋余地。

势、位、态中，势是第一性的。

金融市场是一个具有自学能力的智慧体。

金融市场是高效的，它们的高效之处在于将资金从稚嫩和天真的交易者手中转移到老练和谨慎的交易者手中。无论你是在哪个金融市场进行交易，这是绝对的规律。"推动/调整波浪交易法"将帮助你全面理解外汇市场中一种重复概率很高的结构，并告诉你如何从现实操作的角度去把握它，以一种谨慎的心态去把握它。

第一节　推动/调整波浪现象

在外汇市场中，特别是在存在杠杆交易比率的外汇市场中，究竟什么样的策略具有极高的效率，具体而言在日内交易、波段交易和中线交易中，应该使用什么样的策略呢？为了达到极高的交易收益，应该采用哪些技术指标，对于指标的总数是否有限制？现实是，外汇市场中的所有人都在追求这种方法，同时他们每个人都想从其他人那里"抢夺"金钱。这就是一个生态链，你要想在外汇市场中赚钱，就必须采取比其他交易者更有效率的方法。

在本节中，我们将向你介绍一种出现概率很高的外汇走势，这种方法与传统的斐波那契交易法相比是全新的、可靠的和高效的。这项方法是我们对"理想化的"艾略特波浪理论的扬弃，对"正统"斐波那契点位交易法的升华！多年的外汇市场实际操作，加上不断地总结，使得我们能够发展出这样的高效外汇交易工具。

在本节，我们先来介绍一下"推动/调整波浪交易法"所依据的外汇市场的基本属性。外汇市场的一个根本特征是无论一个趋势多么强劲，汇价不会在此趋势方向上直线式地发展，**波浪式地前进是外汇市场的根本特征。**汇价运动过程中，总有小的调整与趋势走向对立，艾略特的波浪理论的根本就是推动浪和调整浪的对立，它认为推动浪大多由 5 个子浪组

波浪式运动是市场迷惑性的来源。

成，而调整浪大多由 3 个子浪组成，这些东西更多只具有理论意义，对于千变万化的走势的实际指导意义太小了。我们往往只能在极为有限的走势中确认"标准的艾略特波浪"。外汇市场的"推动/调整波浪现象"是市场趋势化运行的具体体现，背离趋势的调整浪持续的时间更短，调整浪结束后，汇价又回到了符合趋势方向的推动浪走势。

我们采用了艾略特波浪理论的定义，与较长期市场走势符合的波浪被定义为推动浪，而与较长期市场走势背离的波浪被定义为调整浪。我们来看一个实例，一图顶万语，请看图 4-1。这是欧元兑美元的走势图。这段行情中有向上的走势，也有向下的走势，但是你可以明显地感觉到从 7 点至 11 点汇价大约下跌了 140 点，具体而言是从 7 点的 1.3500 下跌到 11 点的 1.3360。下图中标注的波浪（1）、（3）、（5）是推动浪，因为它们与趋势一致（趋势的定义方法可以参考 N 字法则），而（2）、（4）是调整浪，因为它们与市场的趋势相反。一种简单的推动浪和调整浪的区别在于是否突破前低或者前高，推动浪会突破前高或者前低，而调整浪则不会。

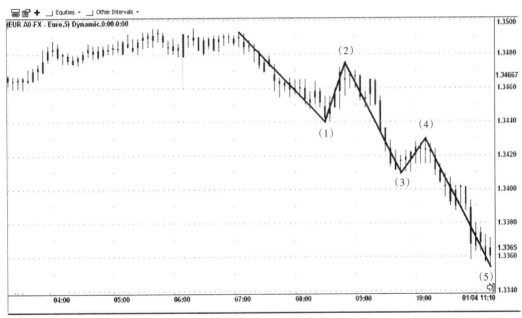

图 4-1 欧元兑美元的走势图

大多数普通交易者极易忽略的一种现象是，调整浪的高度倾向于等于前一推动浪的高度乘以某个斐波那契比率。不过根据多年外汇实际操作经验，我们发现 0.25、0.382、0.5、0.618 和 0.75 是最为有效的比率，这与传统的斐波那契操作的常用比率存在差异。现在就来仔细介绍一下"推动/调整波浪现象"，请看图 4-2。图中的推动浪

是（1），调整浪是（2），浪（2）对浪（1）进行了 0.382 幅度的回撤。

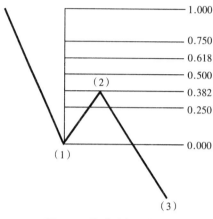

图 4-2 推动浪与调整浪

推动浪/调整浪现象是一个"拓扑现象"，具有"全息性"，也就是"自相似性"，这种特点在宇宙中很普遍，**艾略特波浪理论的五浪结构也是如此。自相似性是一个自组织的复杂系统的基本属性**，物理学家和数学家们对此有深入的研究。

我们以"推动浪/调整浪现象"作为交易策略的对象，以此展开整个交易，其中蕴含的原理既是艾略特波浪理论的基础也是斐波那契点位交易法的基础，**但是我们所能做的就是做到更加符合操作的现实需要**，剔除艾略特波浪理论和斐波那契点位交易法的过于理想化和主观化的特点。我们介绍的"推动浪/调整浪交易法"会带给你惊喜，在下面的内容中你将很快发现。

N 字结构是最基本的分形结构。

推动浪/调整浪结构也是加特力理论的基础。

第二节 推动/调整波浪交易法示范

在开始详细展示交易策略之前，我们会通过一个简单的实例来演示它，在稍后的几节中，会详细地传授这套方法的

要点，并向你演示如何立即将它融入你的实际交易。本书的精华就是这一方法，其他那些关于加特力理论和斐波那契点位交易法的陈词滥调我们就不在本书中赘述了，因为这些东西并不具有太大的实际意义，可以作为理论来把玩，作为实际交易指导不太可能。

我们的"推动/调整浪交易法"将为你准确定义充分必要的恰当进场点和出场点，这是各种波浪理论和斐波那契点位交易法所不具备的优势。在下面的例子中，我们将向你展示现在绝大多数交易策略所忽视的部分——如何寻找最佳出场点。无论是"截短亏损"，还是"让利润奔跑"都涉及**出场点的问题，但这却是许多交易理论和"大师"都没有谈及的东西**。出于叙述的方便，我们假定已经找到了进入这笔交易的最佳时机。

如何确定出场点是非常关键的问题，也是我们这套方法的长处。

在下面的实例中，你会发现我们的退出交易策略符合"截短亏损，让利润奔跑"的基本原则，而这一原则在此前几乎并没有得到实现，很少有方法能实现这一原则。为什么这一基本原则如此重要？因为如果你不"让利润奔跑"则从长期来看你的交易并不能获利，假如你在两笔40点亏损的交易后，接着有一笔60点盈利的交易，那么你的净亏损是20点。但是，如果你在两笔40点亏损的交易后，接着有一笔250点盈利交易，则净利润是170点。我们的"推动/调整浪交易策略"可以很好地达到这一要求，而且是很确定地做到这一点。

合理的风险报酬率是策略是否具有竞争优势的关键。

下面是利用我们的交易策略进行英镑兑美元退出交易的实例。需要提醒读者的是，这套交易方法的所有要件将在稍后的几节中予以详细的解释，下面这个例子在于让你首先对退出策略有所了解，因为我们认为"退出一个交易"是最为重要和关键的技能。

请看图4-3，假定我们在点A介入交易，具体而言是在7点以1.9075的价位做空英镑兑美元。

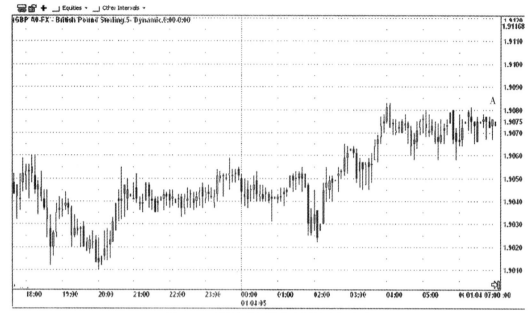

图4-3 英镑兑美元退出交易的实例（1）

进场做空后，汇价跟我们预想的方法一致，出现了大幅度的下跌，到达了B点，具体而言就是1.9028的价位。换而言之，我们获得了大约47个点的毛利，**当下行情的发展对我们有利**。如图4-4所示的该段行情走势。

行情如预期发展的一样，心理压力要小不少，不过没有落袋之前，不能对利润抱有多高的期望。

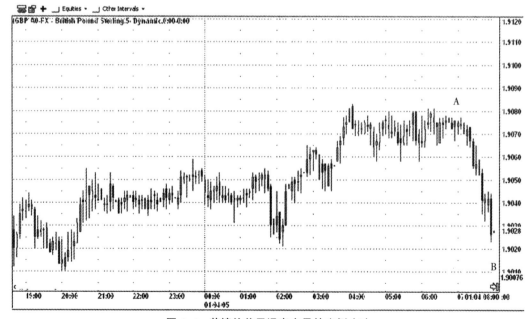

图4-4 英镑兑美元退出交易的实例（2）

但是，行情在 B 点之后开始向上攀升，见图 4-5。面对这种情况我们该如何处理手中的头寸呢？这是每个交易者此刻心中都会浮现的一个问题。缺乏经验的交易菜鸟很可能会立即了结这一头寸来缓解心中的**恐惧感**，"落袋为安"。但是，这样的做法从长期来看一定是错误的。为什么我们会这样断言？记住，如果想要长期在市场中获利，我们务必"让利润奔跑"！

利润能够奔跑起来有一个前提——存在趋势，在这个前提下我们做好仓位管理才能让利润奔跑。

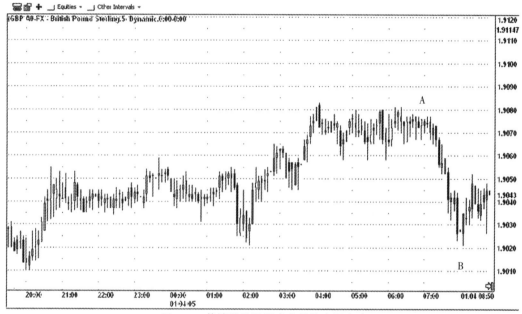

图 4-5 英镑兑美元退出交易的实例（3）

再回到这段反弹走势，我们应该采取怎样的行动？也可以换一种问法：什么时候我们断定头寸已经与趋势背离了，应该了结？我们的策略恰好在此问题上显示出了不可多得的高效率。通过使用**"推动/调整浪交易法"我们可以找到退出交易和最大化利润的最可能时机。**

为了在上述走势中实际运用这套策略，你需要采取如下步骤：第一步，确定下降运动波段的最高点和最低点，然后将这两个点连接起来。请看图 4-6，在这个实例中，也就是将 A 点和 B 点连接起来。

退出时机过早，利润没有奔跑；退出时机过晚利润转亏损。退出时机过早和过晚的衡量标准是什么？

能不能以 0.618 点位作为退出信号呢？

线。只有当价格线整个在 0.75 之上时**我们才退出这一空头交易。**

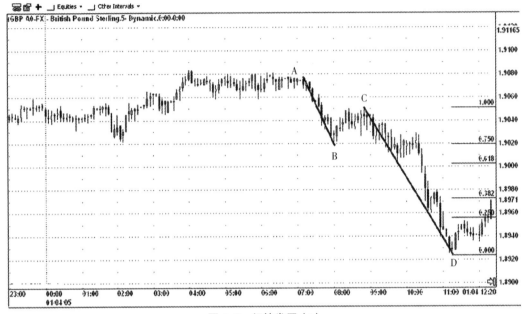

图 4-9 行情发展（2）

接下来的发展用文字叙述代替：反弹达到 0.382 水准就止步了，因为价格并没有超越 0.75 水准，所以我们继续持有空头头寸。市场继续下跌，在 14:25 左右跌到了 F 点，此后汇价出现了回升。这时候离进场做空的位置大概下跌了 120 点。我们再次运用此前的步骤：**找到下跌波段的高点和低点，然后据此进行斐波那契六个水准位置的分割。**只有当价格线整个超越 0.75 水准时，才考虑退出空头头寸。汇价在 14:40 左右反弹到 G 点，也就是 0.75 水准附近。不过，反弹到 0.75 水准附近的这个价格线并没有整个在 0.75 水准之上，所以我们继续持仓。G 点之后，市场继续下跌，一直跌到 H 点才止跌反弹，此刻离进场位置已经有差不多 200 点的毛利了。现在为了判断是否出场，我们需要再度运用此前的方法：找出下跌波段的最高点和最低点，然后做出斐波那契分割线。记住只有当某一个价格线整体超出 0.75 水准时，才退出空头头寸。

第一步是要确认推动浪。

反弹之后，汇价在触及 0.25 水准位置之后继续下跌。市场没有超越 0.75 水准，所以我们继续持仓。I 点之后，市场继续下跌，在 20:40 的时候汇价跌到了 J 点，然后市场再度反弹，此时距离入场点已经有差不多 270 点的毛利了。为了判断是否应该在此次反弹中出场，我们重复前面的步骤：找到下跌波段的高点（I 点）和低点（J 点），然后连接起来，进行斐波那契分割，只有当价格线整个超越 0.75 水准时才退出交易。

此后，市场开始大幅度上升，1:15 时价格线整个超过了 0.75 水准，也就是图 4-10 中的 K 点，我们在 1.8838 处退出交易。

图 4-10 行情发展（3）

这笔交易的毛利润是 237 点，具体而言是 1.9075 减去 1.8838。一个交易者赚取了 237 点，这不是每天都能做到的，**但是如果一个月你有一个交易日做到了那么也是让绝大部分交易者羡慕的事情。**正如你在图 4-11 见到的一样，我们的退出策略能够找到极佳的退出位置，以便获得近乎最大化的利润。

为什么不在每一个进场信号发出后都采纳，为什么不加仓？

高效和稳定特点的交易策略要比一个高效但不稳定的策略更好。一个稳定的交易策略使得交易者可以估计出资本增减的大致幅度。

一个稳定的交易策略表现出以下属性：第一，即使在极为动荡的时期也能盈利，比如"9·11"事件；第二，如果外汇市场处于渐变中，能够盈利，此时这个策略的参数可以同时微调；第三，在一个特定的时段，破产的概率应该是极端小的，也就是说基本为0，这一属性的重要性是不言而喻的。

我们在本章全面深入传授的"推动/调整波浪交易法"就是符合上述三个原则的交易法。从《外汇交易进阶》到《外汇交易圣经》我们都没有深入介绍过一个具体的交易策略，谈的都是交易原则和局部技术，在本书中我们郑重其事地介绍了一个自认为最为强大的交易策略。就普通交易者而言，我们认为这是我们测试过的所有策略中最为稳定和高效的策略之一。得出这一结论花费了我们大量的时间和精力，因为我们做了很多的相关研究。下面就简要地回顾一下历时三年的小组研究，看看我们是如何发展出来"推动/调整波浪交易法"的。

首先，我们向你展示基于"推动回调波浪现象"的可靠稳定市场信号。其次，我们将告诉你如何找到提高该策略绩效的恰当长期过滤指标。接着，我们将向你介绍一些关于高稳定性的表现。最后，我们将展示这一策略的高效之处。

正如前面章节提到的一样，我们的策略基于下列现象：调整波段的高度倾向于推动波段的高度乘以特定的比率，通常是0.25、0.382、0.5、0.618和0.75。我们的任务是基于上述现象指定一个能够产生做多和做空交易信号的稳定和高效策略。为了完成这一任务，我们首先要做的是：第一，找到恰当的回撤比率；第二，找到确认一个推动浪或者调整浪的恰当标准。

正如你想象的一样，这里存在很多可选的方法。将方法制定得过于简单的问题在于不能应对市场极端行为带来的各种可能性。什么是市场极端行为？举一个简单例子，当一根价格线的长度是其相邻价格线长度的3倍以上时，这意味着汇价在某一单位时间内的波动非常剧烈。见图4-13，图中有一根非常长的价格线，大概有60点，而其周围的价格线一般也就13个点左右。

假定在一个上升运动中确认一个看涨信号的规则是汇价从任何一个上述比率点位（0.25，0.382，0.5，0.618和0.75）弹回。如图4-13所示，上升运动从6:10持续到7:35，我们可以作出如下解读：在7:50左右汇价明显从0.382点位处弹起，在8:00时汇价位于该点位之上，这代表了一个看涨信号。但是，这样的一个看涨信号毫无意义，因为这样一个孤立和剧烈波动的价格线与"推动/调整波浪现象"在市场中的意义和影响毫无瓜葛。

图 4-13 价格毛刺

上面我们考虑了极端市况中的一种，也就是剧烈波动市况中基于"推动/调整波浪现象"的一种简单策略，这一策略也被证明是不稳定的。下面，我们考虑另外一种极端市况，这就是极度不活跃市场，也就是一个盘整市场。对于顺势交易者而言，这一市况容易导致许多虚假信号的产生。见图 4-14，17:00 之后市场没有表现出任何明显的趋势。

我们假定在一个下降运动中确认一个看跌信号的方法是汇价从任何一个上述比率点位（0.25，0.382，0.5，0.618 和 0.75）弹回。下跌运动开始于 11:00，暂停于 16:00。根据这个假定的方法，在 18:00 左右我们对市场作出如下解读：当价格反弹在 0.25 受到阻挡下跌后，目前继续在该点位之下，这代表一个看跌的信号。

这个信号也是没有什么实际意义的，因为这样的盘整走势与"推动/调整波浪现象"在市场中的意义和影响毫无关系。

从上述两个实例可以看到，传统的斐波那契点位交易法在极端市况中的表现极其糟糕。接下来我们看看"推动/调整波浪交易法"是如何避免极端市况的影响的。见图 4-15，这是一个波动剧烈的走势，如果利用我们的"推动/调整波浪交易法"，这根毛刺很长的价格线不会导致任何交易信号的产生。原因是"推动/调整波浪交易法"的两个

第三，相对强弱指数 RSI，参数还是 14，但是看涨、看跌标准不一样，高于 60 看涨，低于 40 看跌，也是分别在 30 分钟，或者是 1 小时、4 小时、1 日图上采用。

第四，商品通道指数 CCI，参数为 20，高于 0 看涨，低于 0 看跌，分别在 30 分钟，或者是 1 小时、4 小时、1 日图上采用。

第五，商品通道指数 CCI，参数为 20，高于 50 看涨，低于 -50 看跌，分别在 30 分钟，或者是 1 小时、4 小时、1 日图上采用。

图 4-17 显示了这些方法用于过滤 5 分钟"推动/调整波浪交易法"信号的效果。其中一个值为 2700 点的水平线代表了不采用任何过滤方法时的交易绩效，也就是纯粹"推动/调整波浪交易法"的交易绩效。由此可以发现，即使不采用任何过滤指标，我们的"推动/调整波浪交易法"也能够获得极高的回报率。不过，如果能够结合使用某些过滤指标，我们的"推动/调整波浪交易法"会表现得更好。比如，采用基于日线图，以 50 作为涨跌分界线的 RSI 过滤指标就能够提高到 3900 点，几乎是 2700 点的1.56 倍。

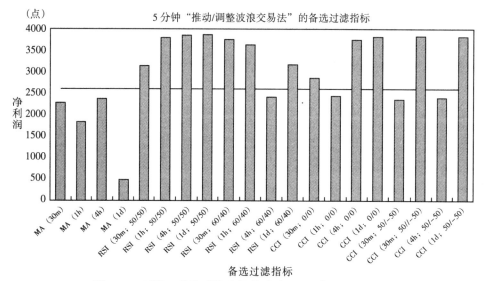

图 4-17 过滤 5 分钟"推动/调整波浪交易法"信号的效果

注：图 4-17 括号中的 m 代表分钟，h 代表小时，d 代表日。

从上面这个测试我们可以发现，采用基于日线图，以 50 作为涨跌分界线的 RSI 过滤指标是 5 分钟图"推动/调整波浪交易法"的极佳过滤指标。

由于我们的"推动/调整波浪短线交易法"主要在 5 分钟图上展开，而"推动/调整波浪中线交易法"主要在 4 小时图上展开。关于"推动/调整波浪短线交易法"的过滤

指标在上面已经介绍，也就是 RSI（1d；50/50）。下面介绍"推动/调整波浪中线交易法"的过滤指标。

为了找出较好的中线交易过滤指标，我们对基于日线的 20 期简单移动均线、基于日线的 RSI（50/50）、基于日线的 RSI（60/40）、基于日线的 CCI（0/0）以及基于日线的 CCI（50/–50）等过滤方法进行了测试，测试结果如图 4-18 所示。下图的柱状线显示了特定过滤指标辅助下的"推动/调整波浪中线交易法"绩效，而其中的水平线则表明了纯粹"推动/调整波浪中线交易法"的绩效。纯粹"推动/调整波浪中线交易法"的绩效大概为 2450 点净利润，这已经是很高了，而基于日线，以 50 为涨跌分界线的 RSI 过滤指标则将这一绩效提高到了 2625 点，这也是测试中见到的最好表现，所以我们在"推动/调整波浪中线交易法"中仍旧采用 RSI（1d；50/50）作为过滤指标。

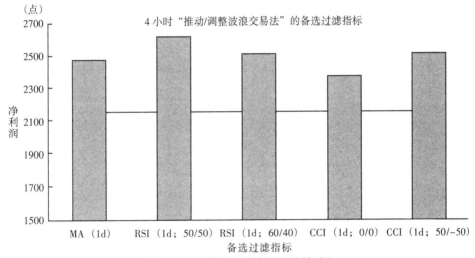

图 4-18 中线交易过滤指标绩效对比

在本节开头，我们反复强调稳定性对于一个外汇交易策略的重要性，长期来看，一个策略的稳定性比其高效性更能决定交易事业的成败。本章介绍的交易策略具有高度的稳定性和适应性。对于这个系统，我们做了很多统计分析，但是没有必要全部放在这里，这样会显得很枯燥，不少读者会认为这与实际交易关系不大。所以，我们就不再啰唆。我们重点来展示一下"推动/调整波浪交易法"的稳定性和适应性（见图 4-19~图 4-24）。

"推动/调整波浪交易法"的主要规则为：第一，当一个汇价移动大于特定点数时，就被定义为"活跃波"，在"推动/调整波浪短线交易法"中这个点数为40点，在"推动/调整波浪中线交易法"中这个点数为150点。第二，进场后的初始止损对于"推动调整波浪短线交易法"而言是距离进场位置40点，对于"推动/调整波浪中线交易法"而言是距离进场位置100点。第三，当日线图上的RSI低于50时只能做空；当日线图上的RSI高于50时只能做多。这些规则是我们"推动/调整波浪交易法"的一个部分，在下面的几节我们会详细定义这些规则和其他规则，现在我们来看看如果变化这些主要规则的具体数字后，"推动/调整波浪交易法"表现如何。这一做法是为了测试"推动/调整波浪交易法"的稳定性和适应性。

为什么"推动/调整波浪交易法"的进场策略具有这么高的盈利能力，见图4-25。"推动/调整波浪交易法"的进场信号基本能够判定市场此后运行的主要方向。这使得我们能够抓住市场的主要波动，并因此赚取可观的利润。

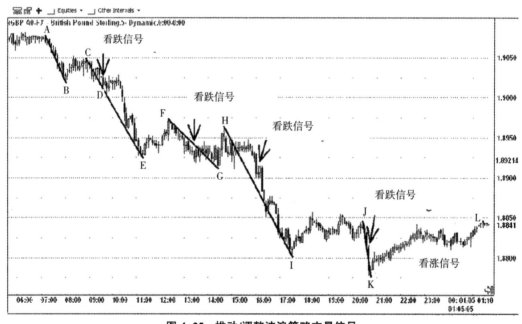

图4-25 推动/调整波浪策略交易信号

没有对比，就很难看出"推动/调整波浪交易法"进场策略的优势，见图4-26。图中有两条经常用于趋势交易的均线，一根是20期移动均线，另一根是5期移动均线，金叉时做多，死叉时做空（关于金叉和死叉的具体定义可以参看《外汇交易圣经》或者其他技术分析书籍），这种较为常用的趋势交易法产生了太多的虚假信号，在陡直的单

边走势中，这个方法产生的信号太滞后，在震荡的牛皮走势中，这个方法产生的信号太频繁。如图 4-26 所示，这个方法产生了大量的虚假信号。

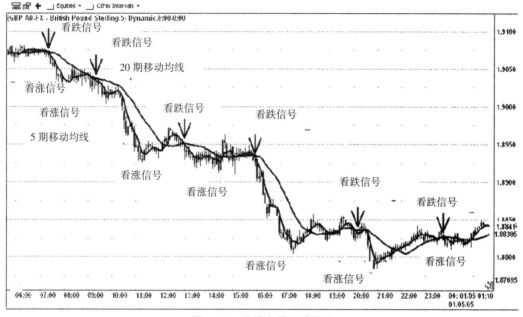

图 4-26　均线交易系统信号

正如我们在《黄金高胜算交易》一书中提到的一样，绝大多数交易者都错误地认为进场点的抉择比出场点的抉择更为重要。一旦这些交易者发现一个期望值为正的进场策略后就认为研究工作已经完成。这种看法离成功交易的真相很远。出场策略即使不比进场策略重要，至少也是同等重要。没有出场策略是最糟糕的，而采用固定盈利比率或者目标出场是次糟糕的，比较明智的做法是采用跟进止损，一种是特定点数跟进，另一种则是支撑阻力位置跟进，我们"推动/调整波浪交易法"的出场方法属于后者，当然不完全是。下面我们就比较特定点数跟进止损出场法和"推动/调整波浪交易法"出场策略的优劣。

一个跟进止损策略比一个固定止损策略更有效率，但是"推动调整波浪交易法"的出场法则最为有效。首先，我们向一些不懂跟进止损策略的读者简单介绍一下这种方法。假定你采用了一个点数为 30 的跟进止损策略。见表 4-1，如果 10:10 你在 1.2456 水准处进场做多，那么你的跟进止损位置设定在 1.2426，也就是 1.2456 下面 30 点处。如果下一个收盘价至少比上一个止损单高出 30 点，则新的止损单就应该是新收盘价减去 30 点。整个过程如表 4-1 所示，直到价格低于止损价位。表 4-1 显示了点数

为 30 的跟进止损策略。

表 4-1　30 点跟进止损策略

时间	10:10	10:15	10:20	10:25	10:30
最低价	1.2446	1.2464	1.2462	1.2478	1.2459
收盘价	1.2456	1.2490	1.2483	1.2495	1.2479
旧止损单		1.2426	1.2460	1.2460	1.2465
新止损单	1.2426	1.2460		1.2465	
备注	进场，设定初始止损单在1.2426	止损单改在1.2460		止损单改在1.2465	出场，价格低于1.2465

所谓简单的跟进止损，就是机械的止损策略。

从上面这个例子，你看出问题所在了吗？利用跟进止损作为出场策略的问题在于它违背了"砍掉亏损并让利润奔跑"这一根本交易原则。如果一个交易者采用了一个不能赢足行情的出场策略，这就是一个最为严重的问题。那么，为什么采用特定点数的跟进止损策略会违背这一原则。根本原因在于市场是以"推动波浪/调整波浪"的形式前进的，调整的幅度与之前的推动浪幅度成比率，但是却没有绝对的点数值，如果你以特定点数来过滤调整浪，很容易失败。

下面我们向你展示一个例子，这个例子将告诉你为什么**一个简单的跟进止损策略并不是好的出场策略**。这个例子在后面的章节会详细展开，这是一个基于欧元兑美元 4 小时走势图的中线交易例子。下面用 4 幅图演示这一例子。首先请看第一幅图（见图 4-27），假定我们于 10 月 15 日 16:00 在 1.2461 介入做多，同时我们采用 150 点的跟进止损（通常而言，4 小时图上的中线交易者往往使用这一点数的跟进止损）。

再看第二幅图，如图 4-28 所示。在 10 月 26 日 4:00，汇价到达了 1.2802 的水准。根据先前的跟进止损规则，我们应该将止损跟进到 1.2652，具体而言就是 1.2802 减去 150 点。

请看第三幅图，如图 4-29 所示。10 月 28 日 12:00 时，汇价触到了 1.2652 的止损单，平仓出场。

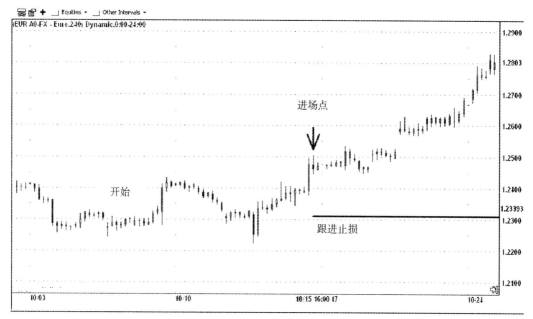

图 4-27　欧元兑美元 4 小时走势图的中线交易（1）

图 4-28　欧元兑美元 4 小时走势图的中线交易（2）

出场点

跟进止损

进场点

开始

图 4-29　欧元兑美元 4 小时走势图的中线交易（3）

习惯于应对震荡行情之后，一旦趋势来临，我们就容易出现心理错配。市场周期与行情周期的心理错配，可以参考《外汇狙击手》相关章节，这里不再赘述。

上述交易总毛利为 1.2461 与 1.2652 的差值，为 191 点。似乎我们赚了不少，其实我们损失了**大量的潜在利润**。那么，我们究竟损失了多少潜在的利润呢？正如我们在后面章节将看到的那样，如果采用"推动调整波浪中线交易法"来决定这段行情的退出点，将获得大约 723 点毛利润。图 4-30 显示了同一入场点下，150 点跟进止损出场策略和"推动调整波浪交易法"出场策略带来的毛利润差异。

跟进止损出场法的基本错误在于虽然市场非常显著地在持仓方向上运动，但是跟进止损并没有**给予其发展的空间**。具体而言，假如你有 400 点的浮动利润，为什么不合理承担风险，拿出 200 点的回旋空间来让利润有两倍甚至三倍的增长呢？这里我们获得了 723 点的利润！一个成功的外汇交易者必须能够从一个行情中榨取足够的利润。

恰当的行情发展空间基于斐波那契回撤比率。

本节的内容也许有点枯燥，但是如果你能懂得本节的内容，则会在最初采用"推动调整波浪交易法"时具有更大的信心。在下面的几节中，我们将向你展示关于"推动调整波浪交易法"的每个构件和一些具体的交易实例。

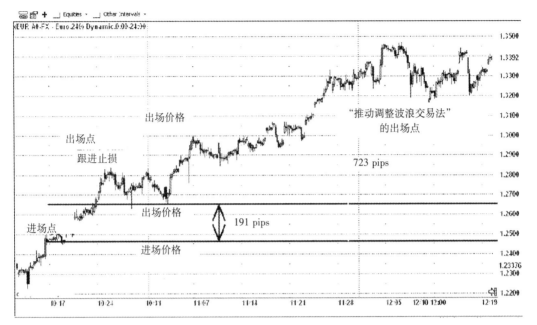

图 4-30 欧元兑美元 4 小时走势图的中线交易（4）

第四节 推动/调整波浪短线交易法

对于一个采用"推动调整波浪交易法"来进行短线交易的交易者而言，所有货币在理论上都是适合的，不过我们建议你交易那些点差在 5 点以内的货币。"推动调整波浪短线交易法"的基本工具是：第一，5 分钟蜡烛图用于产生进场的初始信号；第二，基于日线的 14 期 RSI 指标用于确认进场的初始信号，充当过滤信号的角色；第三，5 分钟蜡烛图用于产生完全的出场信号。

"推动调整波浪短线交易法"赋予了出场信号和进场信号同等的重要性，这是与绝大多数交易方法的区别所在。我们将首先向你演示如何确认推动调整波浪产生的市场信号，接着向你演示利用过滤指标 RSI 决定进场时机，最后向你演示按照退场规则决定退场时机。

除非在特别市况下，否则直盘货币对应的点差超过 5 个点那只能说明经纪商是"吸血鬼"了。

在利用"推动调整波浪短线交易法"之前我们必须确认可供交易的行情走势。可供"推动调整波浪短线交易法"采用的行情走势被定义为"活跃波"。在确认了"活跃波"之后，我们就会利用"推动调整波浪短线交易法"进行分析和操作。依据"推动调整波浪短线交易法"产生的交易信号可以为我们做多或者做空，进场或者出场提供唯一依据。

> 活跃波是不是推动浪？大家动脑筋想一下。

所谓的**"活跃波"**也就是发生在最近的超过 40 点的市场运动。为了找出活跃波，我们需要进行如下步骤：第一步，找出最近 5 分钟行情走势中那些看起来超过 40 点的波段走势，如图 4-31 所示。

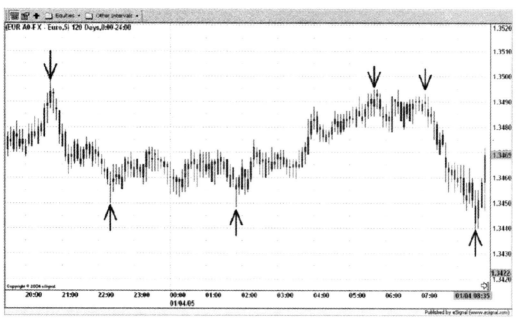

图 4-31　初步筛选

> 波段的起点和终点肯定有分形存在，比尔·威廉姆对分形的技术定义大家可以上网搜一下。MT4 上也有分形指标，大家可以叠加一下。

第二步，连接波段起点和终点的极端值，如图 4-32 所示。如果波段向上，则我们**将起点的最低价和终点的最高价连接起来**；如果波段向下，则我们将起点的最高价和终点的最低价连接起来。

第三步，按照时间顺序，由近到远地标出这些波段的序号，如图 4-33 所示。

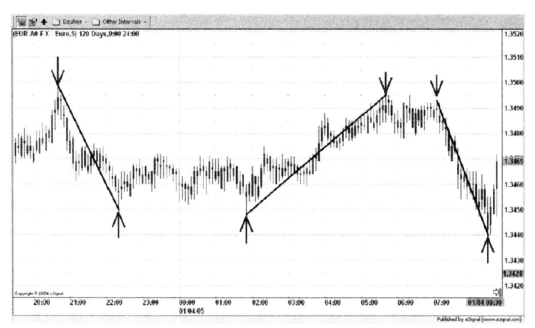

图 4-32　连接波段起点和终点

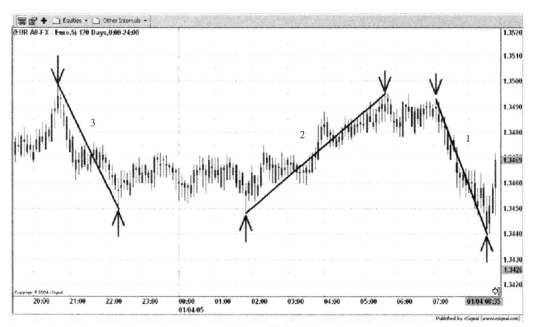

图 4-33　波段排序

第四步，计算出这些波段的高度值。

波段 1 的高度 = 1.3493 - 1.3439 = 54（点）

波段 2 的高度 = 1.3495 - 1.3448 = 47（点）

手工计算的过程不是必需的，但是你要了解背后的原理。

波段 3 的高度＝1.3499－1.3450＝49（点）

第五步，找到超过 40 点的波段中离现在最近的一个波段，在这个实例中是波段 1。这样我们就找到活跃波了，如图 4-34 所示。

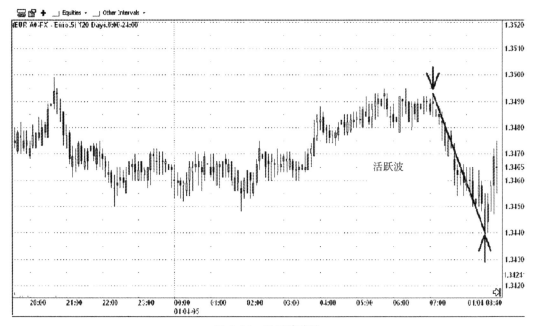

图 4-34 活跃波确认

如果你经过上述步骤还没有找到活跃波，则应该将寻找的范围再扩大，延伸到更早的行情寻找。随着行情的继续发展，如果一个新的超过 40 点的波段出现，则先前的活跃波则冷寂，我们得到了新的活跃波，如图 4-3 所示。

找到活跃波之后，我们就要进行斐波那契分割了，利用 MT4 画线工具中的斐波那契回撤线可以完成，不过需要重新编辑属性。每当一个新的活跃波形成之后，我们就需要重新进行斐波那契分割。在"推动调整波浪短线交易法"中我们仅仅采用这些比率：0、0.25、0.382、0.618、0.75 和 1。**0 是活跃波的最低点，1 是活跃波的最高点**。在下面这个例子中，则以波段最高点 1.3317 为 1，波段最低点 1.3257 为 0 进行分割，图 4-36 显示了各个点位的比率和数字。

加特力波浪理论中，我们很少直接用到 1 和 0 这两个点位。

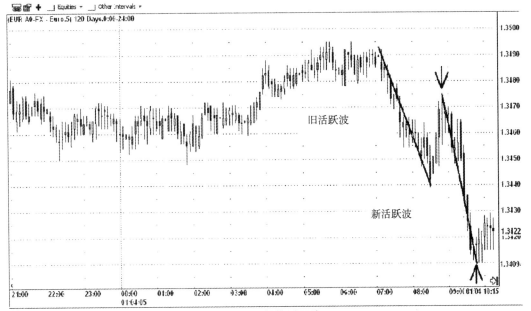

图 4-35 新的活跃波

图 4-36 斐波那契分割

点位 0.382 定义为"下回撤点位",点位 0.618 定义为"上回撤点位",0.382 和 0.618 之间的地带被定义为"回撤中心带",如图 4-37 所示。

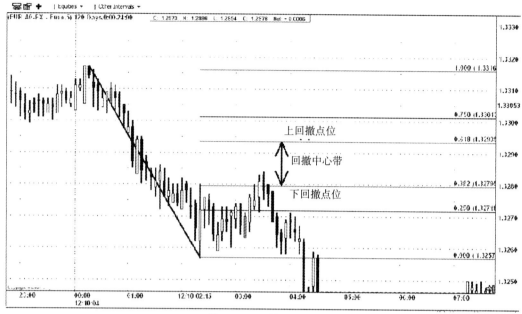

图 4-37　回撤中心带

0.25 定义为"下确认点位"，0.75 定义为"上确认点位"，如图 4-38 所示。

图 4-38　确认点位

0 点位和 1 点位与交易没有直接关系，所以我们没有专门定义它们。"推动调整波浪短线交易法"的设置已经完成，现在我们来看市场透出的信息。首先，我们仅仅关注

回撤中心带：只有当**回撤中心带**被触发后我们才作进一步的分析。一旦回撤中心带被价格触发，我们就进一步利用确认点位。

如图 4-39 所示，当蜡烛线的收盘价位于回撤中心带时，回撤中心带就被触发了。

期货大师克罗最喜欢的交易就是回撤进场。

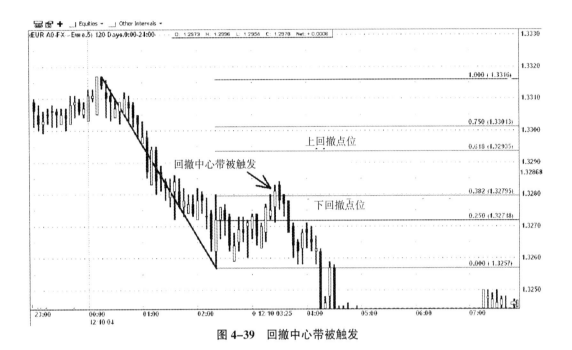

图 4-39　回撤中心带被触发

一旦回撤中心带被触发，则我们就将注意力转向确认点位，这时候存在四种情况。

第一种情况是"下降推动浪"。如果活跃波是下降的，同时这根蜡烛线位于下确认点位 0.25 以下，则我们确认这一波浪为"下降推动浪"，这就表明市场趋势朝下，这是一个看跌的信号，如图 4-40 所示。

需要强调的一点是，我们这里讲的蜡烛线位于下确认点位以下，是指**整根蜡烛线位于下确认点位以下**，如图 4-41 所示。

要求整根 K 线位于确认点位以下是为了防止噪声信号。

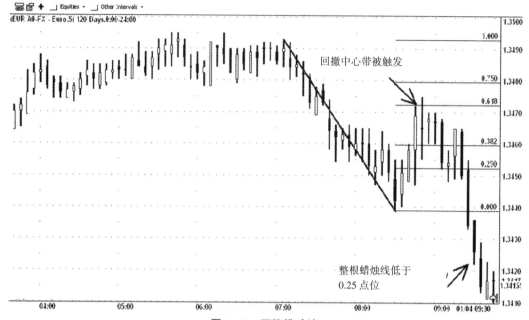

图 4-40　下降推动浪

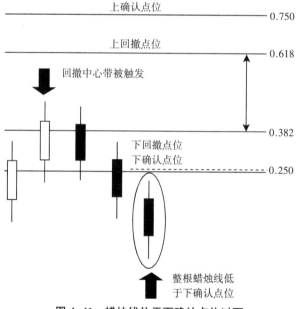

图 4-41　蜡烛线位于下确认点位以下

推动浪和调整浪的区别在于谁更长一点，谁更短一点，谁在修正谁。

第二种情况是"上升推动浪"。如果活跃波是上升的，同时整根蜡烛线位于上确认点位 0.75 之上，则我们确认这是一个"上升推动浪"。这就表明市场趋势向上，这是一个看涨信号，如图 4-42 所示。

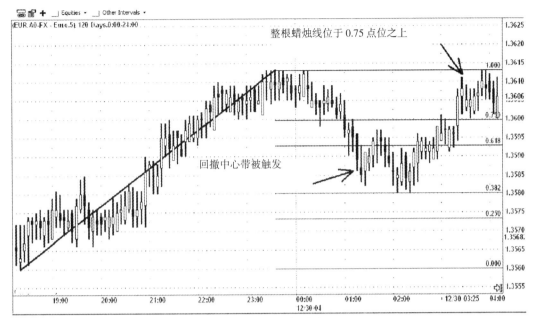

图 4-42　上升推动浪

第三种情况是"下降调整浪"。如果活跃波是下降的，同时整根蜡烛线位于上确认点位 0.75 之上，则活跃波是调整浪，这表明市场趋势是向上的，这是一个看涨信号，如图 4-43 所示。

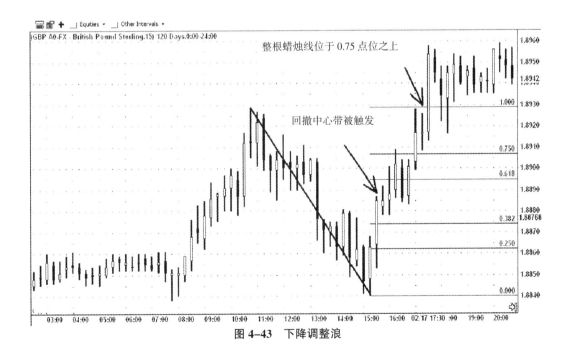

图 4-43　下降调整浪

第四种情况是"上升调整浪"。如果活跃波向上，同时整根蜡烛线位于下确认点位之下，则活跃波是调整浪，此时市场的趋势朝下，这是看跌信号，如图 4-44 所示。

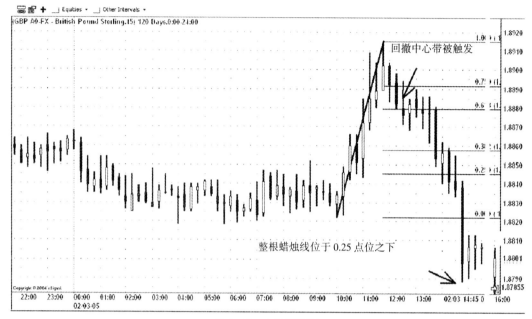

图 4-44　上升调整浪

现在我们来归纳一下这四种情况，结合图 4-45 来分析。

第一，　如果活跃波下降，而整根蜡烛线位于 0.75 之上，看涨信号。

第二，　如果活跃波上升，而整根蜡烛线位于 0.75 之上，看涨信号。

第三，　如果活跃波下降，而整根蜡烛线位于 0.25 之下，看跌信号。

第四，　如果活跃波上升，而整根蜡烛线位于 0.25 之下，看跌信号。

需要反复强调的是，只有当回撤中心带被触发后我们才用到确认点位。回撤中心带是为调整浪准备的。

如图 4-46 所示，当一个新的活跃波确认时，新的斐波那契分割线谱被画出来，此前的斐波那契分割线谱被删除了。

从图 4-47 可以看到，市场在不断为我们提供不同的交易信号，足够的有效交易信号能够为我们带来丰厚的利润。

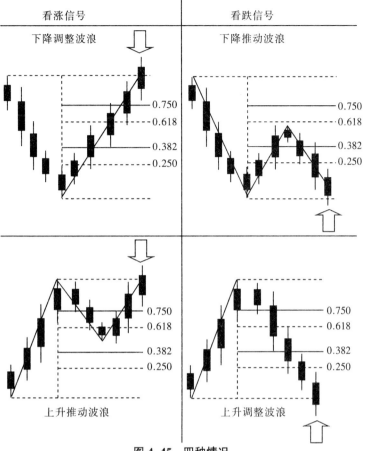

图 4-45 四种情况

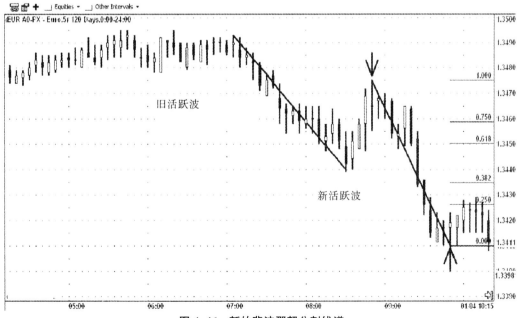

图 4-46 新的斐波那契分割线谱

图 4-47　不同的交易信号

　　5 分钟走势图上，在触及回撤中心带之后，当蜡烛线整个位于 0.75 点位以上时，如果查看日线图上的 **14 期 RSI 信号线**位于 50 中线之上，则进场做多；5 分钟走势图上，在触及回撤中心带之后，当蜡烛线整个位于 0.25 点位以下时，我们如果查看日线图上的 14 期 RSI 信号线位于 50 中线之下，则进场做空。

　　总之，"推动调整波浪短线交易法"的进场点研判有三个步骤：第一步，查看回撤中心带是否被触发；第二步，查看是否有整根蜡烛线位于确认点位外侧；第三步，查看 RSI 信号线的值是否支持确认点位发出的原始信号。

　　"推动调整波浪短线交易法"的进场法则我们已经搞清楚了，现在来接着介绍"推动调整波浪短线交易法"的出场法则。出场法则有两个：第一个是主要出场法则，我们寻找一个相反的进场初始信号，也就是回撤中心带触发后整根蜡烛线位于确认点外侧，但是不需要 RSI 的过滤信号。第二个是辅助出场法则，这个出场法则完全是为了预防意外，这个法则要求设定一个 50 点的初始固定止损，因为我们不想一笔短

线交易中损失超过 50 点。

如果你持有一笔多头头寸，当下列两种情况之一发生时你必须平掉多头头寸：第一种情况是出现了空头的原始信号；第二种情况是初始 50 点止损被触发（进场价下面 50 点）。如果你持有一笔空头头寸，当下列情况之一发生时你必须平掉空头头寸：第一种情况是出现了多头的原始信号；第二种情况是初始 50 点止损被触发（进场价上面 50 点）。

如图 4-48 所示，进场三个步骤确认了进场做空信号，具体进场是在 9 月 29 日 8：20 的 1.8091 处。进场后在 1.8091 之上 50 点处设定初始止损值，具体而言就是在 1.8141 处。在这一交易中，这一初始止损并没有被触发，之所以退出交易是因为 13：45 出现的一个多头初始信号。

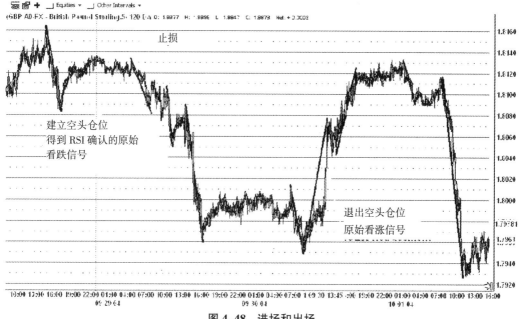

图 4-48 进场和出场

在本节我们介绍了"推动调整波浪短线交易法"的进出场规则，在下面一节将介绍一些具体的交易实例，大家可以从这些示范中学到具体的运用之道。

第五节　短线交易实例

为了让大家对"推动调整波浪短线交易法"有一个直观的了解和深入的掌握，我们在本节演示两个真实的交易例子，第一个是欧元兑美元，第二个是加元兑美元。短线交易需要用到两个走势图，如果你有条件可以在两个显示屏上展示出来，一张是 5 分钟走势图，一张是日线走势图。日线图上只有一个 RSI 指标，以中线 50 作为分界线。**当 RSI 指标值低于 50 时我们寻求看跌信号**，当 RSI 指标值高于 50 时寻求看涨信号。我们不会去利用 RSI 的超卖和超买信号。在这里我们都省略了日线走势图，用文字叙述代替。

现在开始分析，如图 4-49 所示。从 11 月 23 日 8 点开始一天的交易，此时欧元兑美元的汇价为 1.2995，而日线图中的 RSI 值在 50 以上，这是一个看涨信号。因为我们应该寻找

RSI 作为震荡指标其实兼具了趋势指标的作用，不过它并不能提前告知行情性质是单边还是震荡。

图 4-49　欧元兑美元推动/调整波浪短线交易策略实例（1）

做多的原始信号。

接着，我们确认活跃波。为了完成这一任务，将寻找最近一段走势中超过 40 点的波段。如图 4-50 所示，具体画图过程就省略了。

图 4-50　欧元兑美元推动/调整波浪短线交易策略实例（2）

接着我们计算找出来的 4 个波浪的高度：

波浪 1 的高度 = 1.3005 − 1.2986 = 19 点

波浪 2 的高度 = 1.3002 − 1.2986 = 16 点

波浪 3 的高度 = 1.3002 − 1.2971 = 31 点

波浪 4 的高度 = 1.3039 − 1.2971 = 68 点

通过计算，我们可以发现只有波浪 4 超过了 40 点，这就是**活跃波**。其他三个波浪就不用考虑了。这样就确认了活跃波，如图 4-51 所示。

接下来我们开始进入"推动/调整波浪短线交易法"的核心部分。首先以活跃波的高点为 1，低点为 0 做出如下水准的斐波那契点位：0、0.25、0.382、0.618、0.75 和 1。0.382 和 0.618 之间是回撤中心带，而 0.25 和 0.75 则是确认点位。上

活跃波往往与数据发布有直接关系。

述操作如图 4-52 所示。

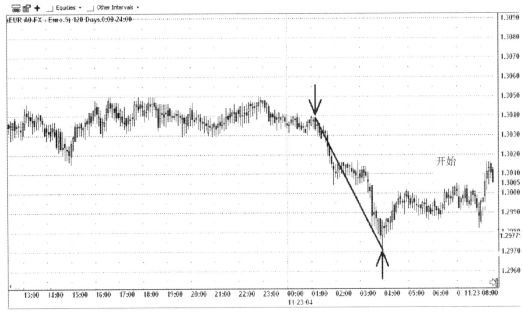

图 4-51 欧元兑美元推动/调整波浪短线交易策略实例（3）

图 4-52 欧元兑美元推动/调整波浪短线交易策略实例（4）

斐波那契分割线谱已经放好，现在来看看市场透露给我们的信息。如图 4-53 所示，在 11 月 23 日 11:30，**蜡烛线整根位于 0.75 水准之上**，此前价格已经触发了回撤中心带，这就发出了一个看涨信号。

> 其实，在这里蜡烛线或者说 K 线并不是必需的，只要有最高价和最低价的价格线即可。

图 4-53　欧元兑美元推动/调整波浪短线交易策略实例（5）

此时日线图上的 RSI 也位于 50 中线以上，所以原始看涨信号被确认。这样我们就在 11 月 23 日 11:30 以 1.3032 的价格进场做多，如图 4-54 所示。

进场的同时将初始固定止损放置在进场价位下 50 点处，也就是 1.3032 - 0.0050 = 1.2982。如图 4-55 所示。注意这个**出场位置纯粹是为了以防万一。事实上，我们的主要出场信号是等待一个原始多头信号**，也就是价格触及回撤中心带之后，整根价格线位于 0.75 水准之上。

> 典型的后位出场方法。

每当一个新的活跃波被确认后我们都需要重新画出斐波那契分割线谱，而此前的活跃波则冷寂。这一做法不断重复，直到出场。在 11:30~13:00，没有原始看跌信号产生，所以我们继续持仓。在 13:00，我们确认了一个新的活跃波，具体而

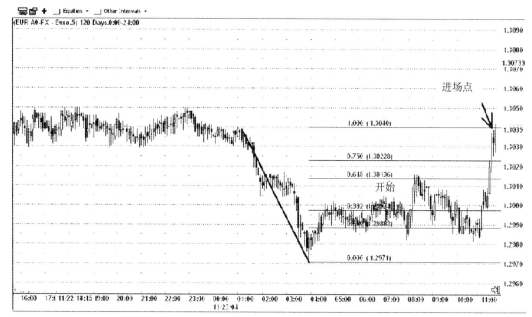

图 4-54　欧元兑美元推动/调整波浪短线交易策略实例（6）

图 4-55　欧元兑美元推动/调整波浪短线交易策略实例（7）

言是由 11 月 23 日 10：55 到 12：00 的走势构成，在图 4-56 中将这个新的活跃波的首尾用箭头标出。

　　我们对新的活跃波进行斐波那契分割，如图 4-57 所示。

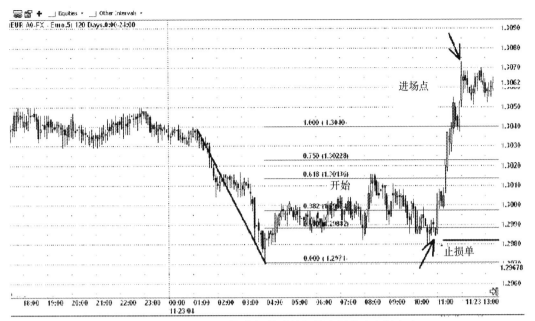

图 4-56 欧元兑美元推动/调整波浪短线交易策略实例（8）

图 4-57 欧元兑美元推动/调整波浪短线交易策略实例（9）

对于这个活跃波仍旧没有出场信号产生，**此后 14：00 有一个新的活跃波得到确认**，如图 4-58 所示，我们用箭头标出其首尾。

动态出场策略往往是后位出场法或者是同位出场法。

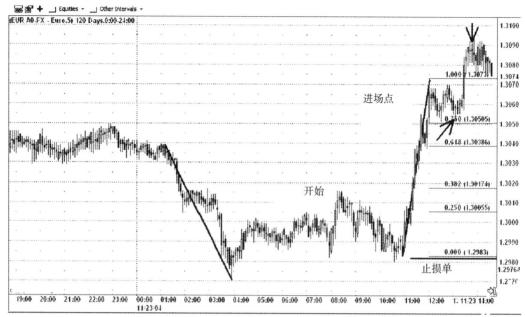

图4-58 欧元兑美元推动/调整波浪短线交易策略实例（10）

我们对这个活跃波进行斐波那契分割，如图4-59所示，我们密切关注是否有出场信号。

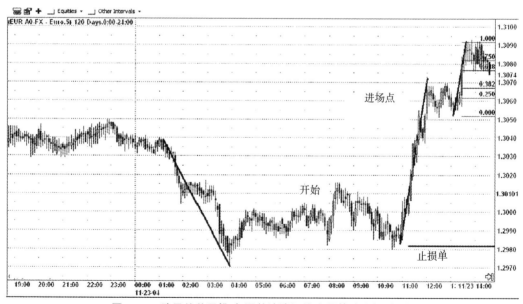

图4-59 欧元兑美元推动/调整波浪短线交易策略实例（11）

从12:00到18:00我们重复了上述步骤好几次，但是都没有出场信号发出，我们

省略掉中间这几次，以避免本书过于烦冗。大约在 11 月 25 日 18:00 时，一个新的活跃波得到确认，我们用箭头标出了其首尾，如图 4-60 所示。

图 4-60　欧元兑美元推动/调整波浪短线交易策略实例（12）

新的活跃波的斐波那契分割线被做出，如图 4-61 所示。

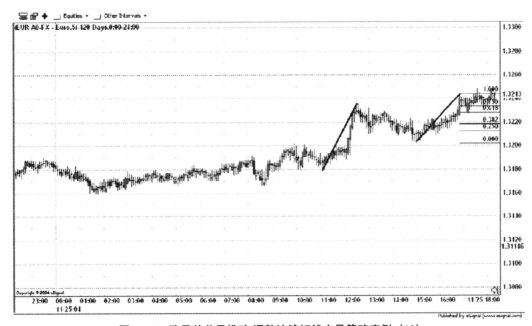

图 4-61　欧元兑美元推动/调整波浪短线交易策略实例（13）

到了 11 月 26 日 0：00，一个新的活跃波被确认，如图 4-62 所示。

图 4-62　欧元兑美元推动/调整波浪短线交易策略实例（14）

对这个活跃波进行斐波那契分割，如图 4-63 所示。

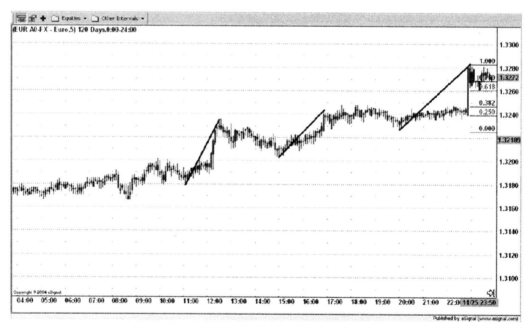

图 4-63　欧元兑美元推动/调整波浪短线交易策略实例（15）

11 月 26 日 7:30，新的活跃波被确认，如图 4-64 所示，没有出场信号，继续持仓。

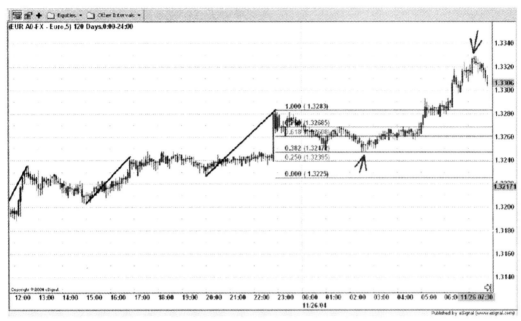

图 4-64　欧元兑美元推动/调整波浪短线交易策略实例（16）

做出斐波那契分割线谱，如图 4-65 所示。

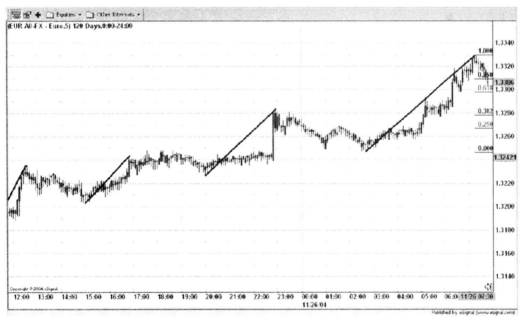

图 4-65　欧元兑美元推动/调整波浪短线交易策略实例（17）

持仓靠的不是意志力，而是方法。没有明确的出场点，你是很难做到耐心持仓的。

11月26日8:15，新的活跃波被确认，如图4-66所示，**没有出场信号，继续持仓。**

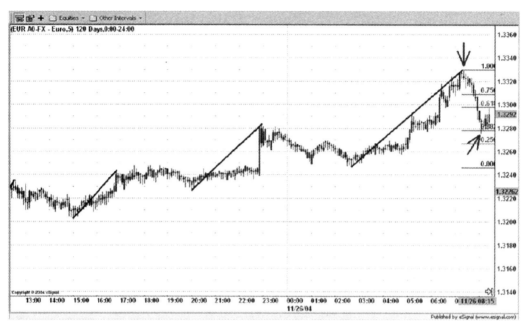

图4-66　欧元兑美元推动/调整波浪短线交易策略实例（18）

对新的活跃波进行斐波那契分割，如图4-67所示。

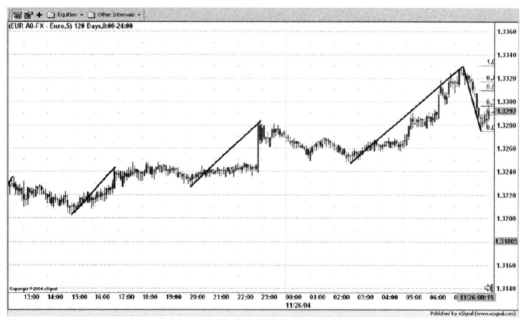

图4-67　欧元兑美元推动/调整波浪短线交易策略实例（19）

11月26日8:30左右，市场开始大幅度下跌，如图4-68所示。在9:00左右，整根蜡烛线位于确认点位0.25之下，这是一个原始看跌信号，对我们手头的多头仓位而言是一个退场信号，于是我们在此出场。

图4-68　欧元兑美元推动/调整波浪短线交易策略实例（20）

现在我们来看看这笔交易的获利情况，1.3032进场，1.3280出场，毛利248点，如图4-69所示，对于一个标准手的交易而言，差不多是2480美元。这相当可观了，**整个交易差不多持续了3天。**

我们再来看第二个例子，这是加元兑美元的短线交易实例，采用的工具仍旧一样：一张加元兑美元5分钟走势图，一张附加了RSI指标的加元兑美元日线走势图。此处省略了日线图，以文字叙述代替。假定从11月3日8:00开始交易，如图4-70所示，此时加元兑美元的价位是1.2247，此时日线图上的RSI低于50，所以我们应该在5分钟图上寻找做空机会。

期货市场的老手们经常提到一个三日波段，外汇市场中其实也存在这样的大致规律。

175

图 4-69 欧元兑美元推动/调整波浪短线交易策略实例（21）

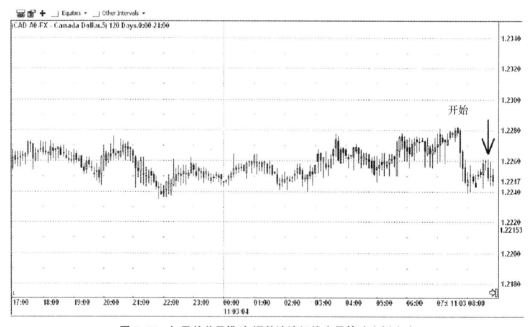

图 4-70 加元兑美元推动/调整波浪短线交易策略实例（1）

首先我们来确认活跃波，为了完成这项任务，我们将最近走势中的显著波段标出来，如图 4-71 所示。

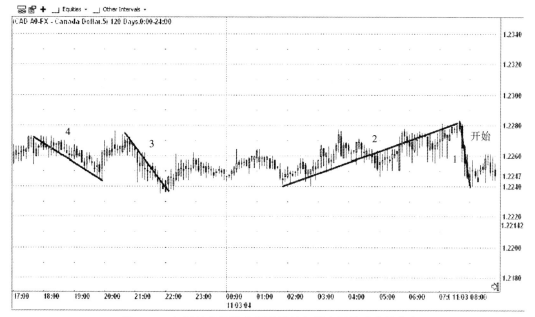

图 4-71　加元兑美元推动/调整波浪短线交易策略实例（2）

接着，我们对上述波段高度进行计算：

波段 1 的高度 = 1.2282 - 1.2239 = 43（点）

波段 2 的高度 = 1.2282 - 1.2241 = 41（点）

波段 3 的高度 = 1.2273 - 1.2236 = 37（点）

波段 4 的高度 = 1.2271 - 1.2244 = 27（点）

离现在最近而且超过 40 点的波段是波段 1，所以我们确认这是**活跃波段**。如图 4-72 所示。

现在我们对此活跃波段进行斐波那契分割，如图 4-73 所示。

现在看看市场告诉我们的信息，在 11:10，有整根蜡烛线位于下确认点位 0.25 之下。在此之前，具体而言是在 8:30 价格触发了回撤中心带，由此发出一个原始做空信号，并得到了 RSI 低于 50 的确认（见图 4-74）。

由于进场做空的三个信号都具备了，所以我们于 11 月 3 日 11:10 在 1.2243 处进场做空，如图 4-75 所示。

异动才有可能有主力，这是股票市场的一条规律，那么什么是外汇市场的异动呢？那就是活跃波的存在。

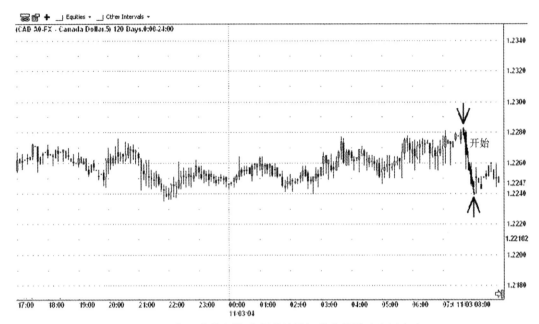

图 4-72　加元兑美元推动/调整波浪短线交易策略实例（3）

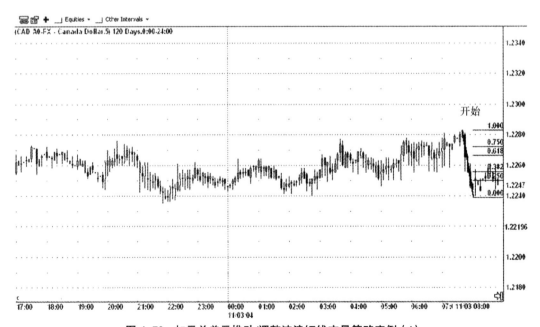

图 4-73　加元兑美元推动/调整波浪短线交易策略实例（4）

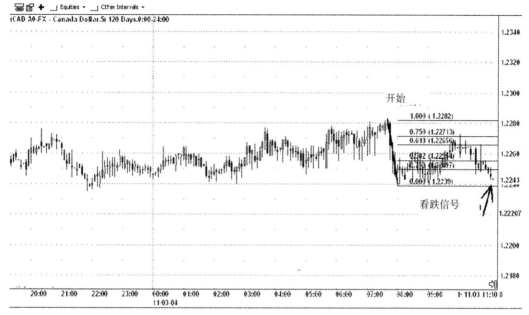

图 4-74 加元兑美元推动/调整波浪短线交易策略实例（5）

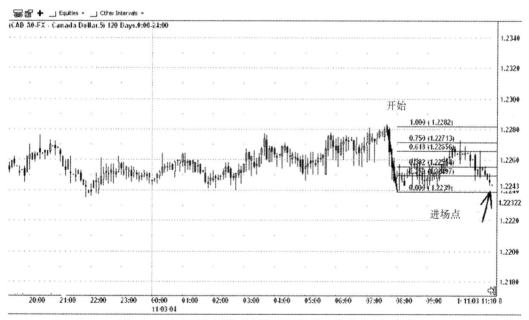

图 4-75 加元兑美元推动/调整波浪短线交易策略实例（6）

进场的同时我们设定好初始固定止损点，在 1.2243 上面 50 点，也就是 1.2293 点。如图 4-76 所示。但是我们的出场方法是依据一个反向的原始信号，在这个例子中是一个原始

高手经常说让市场告诉自己该怎么办。市场的语言是什么？市场的基本语言就是 N 字结构，就是波浪，就是推动调整浪结构。

179

的多头信号。

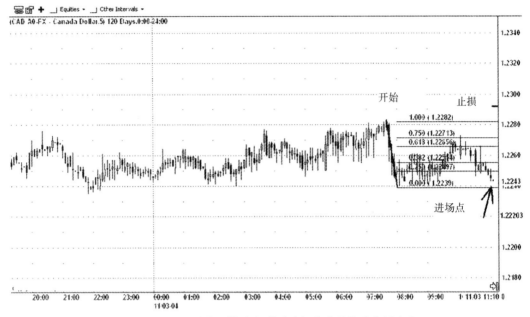

图 4-76 加元兑美元推动/调整波浪短线交易策略实例（7）

在 12：00 我们确认了一个新的活跃波，如图 4-77 所示，我们用箭头标出其首尾。

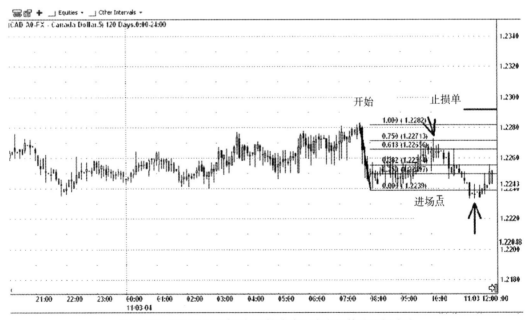

图 4-77 加元兑美元推动/调整波浪短线交易策略实例（8）

我们对**新的活跃波**进行斐波那契分割，如图 4-78 所示。

新的活跃波是市场主力的最新动向。

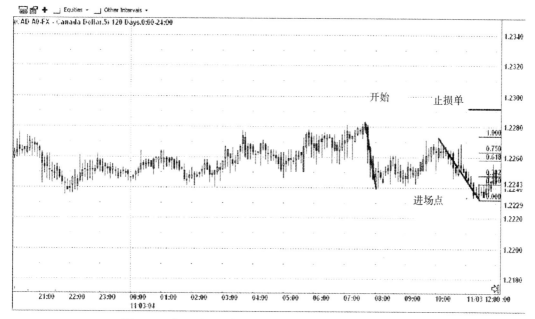

图 4-78　加元兑美元推动/调整波浪短线交易策略实例（9）

一直没有出场信号发出，到了 16:00，一个新的活跃波出现，如图 4-79 所示，我们以箭头标出其首尾。

图 4-79　加元兑美元推动/调整波浪短线交易策略实例（10）

对新的活跃波进行斐波那契分割，如图4-80所示。

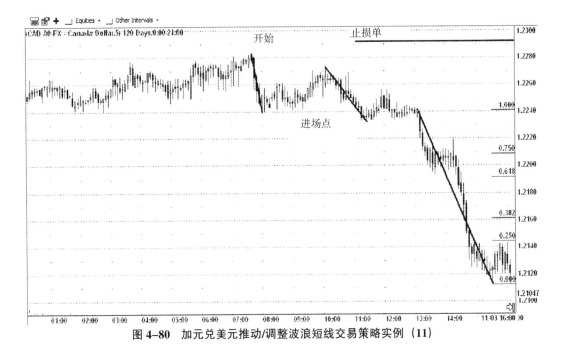

图4-80　加元兑美元推动/调整波浪短线交易策略实例（11）

到了17:30，一个新的活跃波形成，如图4-81所示，我们用箭头标出其首尾。

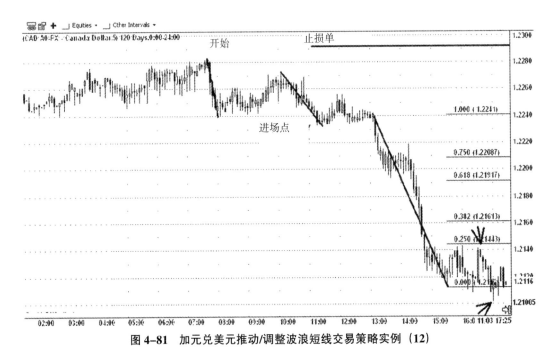

图4-81　加元兑美元推动/调整波浪短线交易策略实例（12）

对这个新的活跃波进行斐波那契分割，如图 4-82 所示。

图 4-82　加元兑美元推动/调整波浪短线交易策略实例（13）

大概在 21:00，一个新的活跃波形成，如图 4-83 所示，我们用箭头标出其首尾，如图 4-83 所示。

图 4-83　加元兑美元推动/调整波浪短线交易策略实例（14）

对此新的活跃波进行斐波那契分割，如图 4-84 所示。

图 4-84　加元兑美元推动/调整波浪短线交易策略实例（15）

到了 11 月 4 日的 1:00，我们确认了新的活跃波，在图 4-85 中用箭头标出其首尾。

图 4-85　加元兑美元推动/调整波浪短线交易策略实例（16）

对此新的活跃波进行斐波那契分割，如图 4-86 所示。

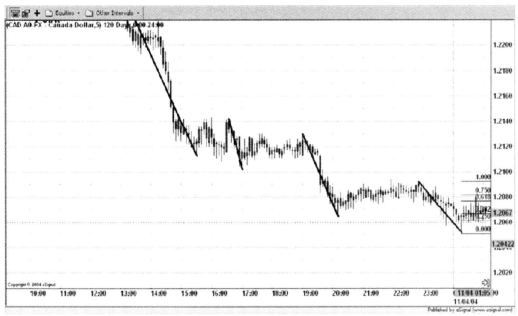

图 4-86 加元兑美元推动/调整波浪短线交易策略实例（17）

在 11 月 4 日 7:00 左右，市场走势开始逆转，在 9:20 左右有一根蜡烛线整个位于 0.75 之上，这样就发出了一个原始做多信号，也是我们空头持仓的出场信号，如图 4-87 所示。

图 4-87 加元兑美元推动/调整波浪短线交易策略实例（18）

整个交易持续一天多，在 1.2243 入场，1.2088 出场，毛利 155 点，整个交易如图 4-88 所示。

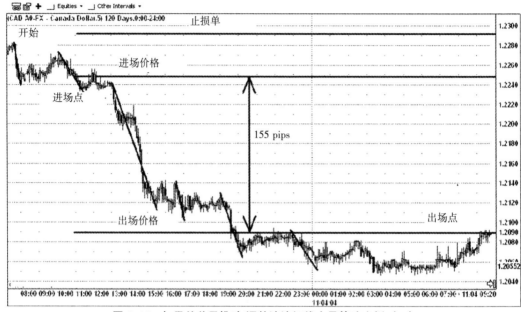

图 4-88　加元兑美元推动/调整波浪短线交易策略实例（19）

第六节　推动/调整波浪中线交易法

推动/调整波浪结构，或者说 N 字结构，是金融市场的根本运行结构，在任何市场层次都可以看到。

"推动/调整波浪中线交易法"与"推动/调整波浪短线交易法"基本相似，只是参数值发生了改变，所以绝大部分理论知识可以参看"**推动/调整波浪短线交易法**"这节的内容介绍，这里只是扼要介绍一下"推动/调整波浪中线交易法"的主要工具：第一，以 4 小时图作为原始信号触发工具，以 150 点确认活跃波；第二，要确定以日线图的 RSI 作为过滤原始信号的工具，还是采用 RSI 的 50 分界线；第三，通过相反原始信号或者是 100 点初始固定止损来确定出场。采用 4 小时蜡烛图进行中线交易的好处在于，你不用时刻盯盘，每天检查一次头寸足矣。

当一个原始信号被 RSI 信号确认后，我们就进入交易。具体而言：如果推动调整波浪发出了看涨的原始信号，同时日线图上的 RSI 值在 50 以上，则进场做多；如果推动调整波浪发出了看跌原始信号，同时日线图上的 RSI 在 50 以下，则进场做空。

中线交易的出场法类似于短线交易，出场策略主要是两个：第一个是根据反向的原始信号出场；第二个是触发 100 点初始固定止损出场。具体而言：如果你持有空头仓位，那么当出现一个看跌的原始信号时，你必须退场，或者是市场反弹触及你的 100 点初始固定止损；如果你持有多头仓位，那么当出现一个看涨的原始信号时，你必须退场，或者是市场回调触及你的 100 点初始固定止损。初始固定止损是在进场价位上加上或者减去 100 点得到。

第七节　中线交易实例

将"推动调整波浪交易法"用于实际操作，这是本书的主要目标，在本节我们将示范两个实例，**一个是欧元兑美元的 4 小时走势图，另一个是英镑兑美元的 4 小时走势图**。

来看第一个例子。我们采用两个时间框架，一个是欧元兑美元 4 小时走势图，另一个是欧元兑美元日线走势图。在日线图上只观察 RSI 指标在 50 中线之上还是之下。实例中我们为了节省篇幅，不列出日线图走势，以文字叙述代替。

我们从 10 月 14 日 8:00 开始交易，此时汇价为 1.2363，如图 4-89 所示。此刻日线图上的 RSI 值大于 50，所以我们寻找一个 4 小时图上的进场做多信号。

在 4 小时图上寻找活跃波段，大致找到了两个比较可能的**备选波段**，如图 4-90 所示。

操作全流程解析能够让大家跟随市场波动的节奏来理解抽象的策略模型。

波段的确认有时候并不是那么确定的事情，不过随着模糊计算技术和人脑模拟技术的发展，技术分析早晚都是电脑程式的天下。

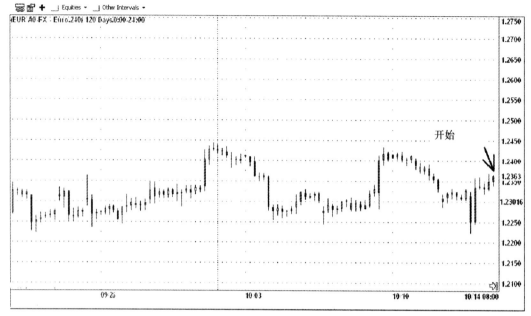

图 4-89　欧元兑美元推动/调整波浪中线交易策略实例（1）

图 4-90　欧元兑美元推动/调整波浪中线交易策略实例（2）

接着，我们来计算上面这两个波段的高度：

波段 1 的高度 = 1.2433 - 1.2223 = 210（点）

波段 2 的高度 = 1.2433 - 1.2243 = 190（点）

　　两个波段都超过了 150 点，不过波段 1 更近，所以波段 1 是**活跃波段**，我们将其顶底连接起来，如图 4-91 所示。

大资金进出必然留下踪迹，在股票市场大量的大实体 K 线往往是主力进出的体现，外汇市场中的活跃波往往是主力动向的体现。

图 4-91　欧元兑美元推动/调整波浪中线交易策略实例（3）

　　我们对此活跃波段进行斐波那契分割，点位分别为 0、0.25、0.382、0.618、0.75 和 1，如图 4-92 所示。

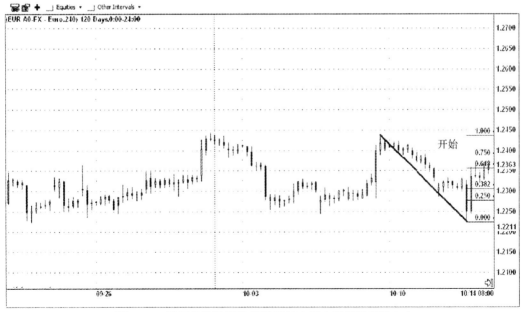

图 4-92　欧元兑美元推动/调整波浪中线交易策略实例（4）

189

下面我们来分析市场行为，在 10 月 15 日 16:00，一整根蜡烛线位于确认点位 0.75 之上，加上此刻日线图 RSI 位于 50 之上，我们进场做多，如图 4-93 所示。

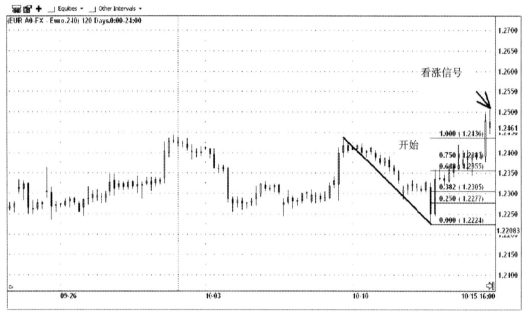

图 4-93　欧元兑美元推动/调整波浪中线交易策略实例（5）

于是，我们在 10 月 15 日 16:00 以 1.2461 的价位入场做多，如图 4-94 所示。

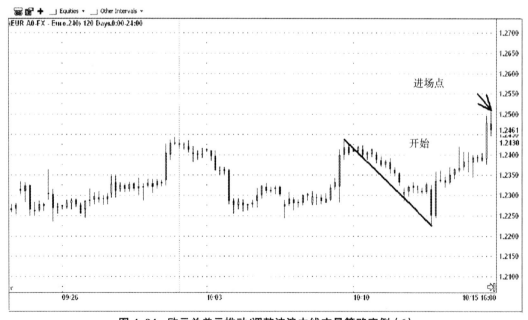

图 4-94　欧元兑美元推动/调整波浪中线交易策略实例（6）

进场做多的同时，放置**初始固定止损**，具体而言是进场价位 1.2461 减去 100 点，也就是 1.2361，如图 4-95 所示。

初始止损最好是固定点数以内，便于控制风险，也便于短线快速操作。

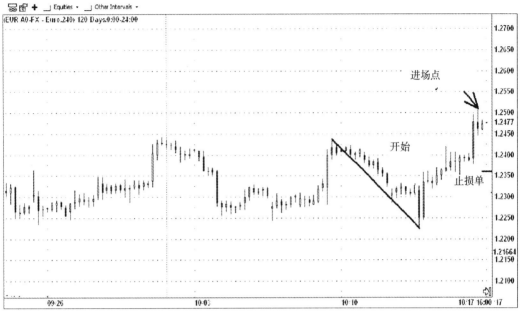

图 4-95　欧元兑美元推动/调整波浪中线交易策略实例（7）

10 月 27 日 8:00 确认了新的活跃波，如图 4-96 所示，我们用箭头标出其首尾。

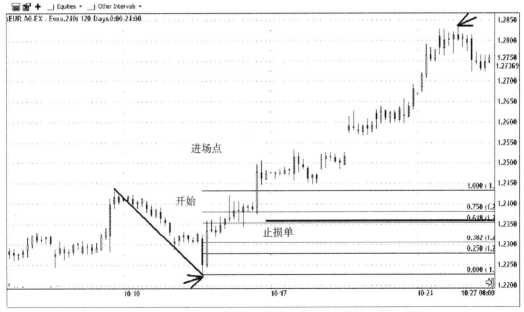

图 4-96　欧元兑美元推动/调整波浪中线交易策略实例（8）

对新的活跃波进行斐波那契分割，如图 4-97 所示。

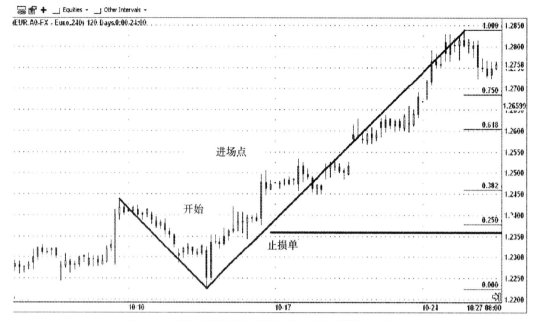

图 4-97　欧元兑美元推动/调整波浪中线交易策略实例（9）

10 月 29 日 12:00 左右，新的活跃波被确认，但是一直没有出场信号发生，如图 4-98 所示。

图 4-98　欧元兑美元推动/调整波浪中线交易策略实例（10）

对新的活跃波进行斐波那契分割，如图 4-99 所示。

图 4-99 欧元兑美元推动/调整波浪中线交易策略实例（11）

11 月 1 日 8:00，新的活跃波被确认，我们用箭头标出其首尾，如图 4-100 所示。

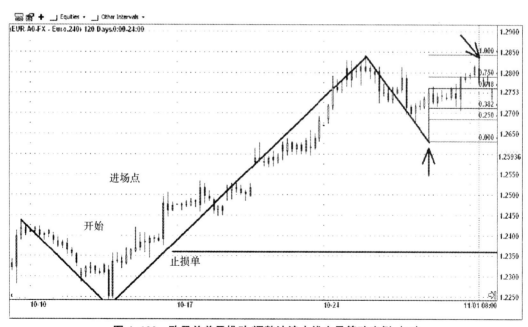

图 4-100 欧元兑美元推动/调整波浪中线交易策略实例（12）

对新的活跃波进行斐波那契分割，如图 4-101 所示。

图 4-101　欧元兑美元推动/调整波浪中线交易策略实例（13）

11 月 3 日 12:00，新的活跃波被确认，我们用箭头标出其首尾，如图 4-102 所示。

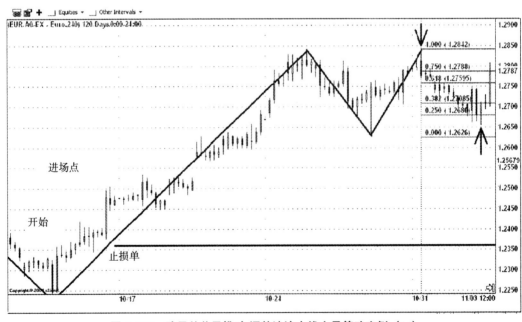

图 4-102　欧元兑美元推动/调整波浪中线交易策略实例（14）

对新的活跃波进行斐波那契**分割**，如图 4-103 所示。

斐波那契分割线谱也被称为斐波那契回撤线谱。

图 4-103 欧元兑美元推动/调整波浪中线交易策略实例 (15)

11 月 8 日 8:00 一个新的活跃波被确认，我们用箭头标出其首尾，如图 4-104 所示。

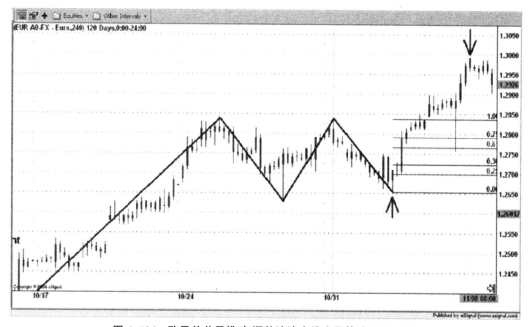

图 4-104 欧元兑美元推动/调整波浪中线交易策略实例 (16)

对此新的活跃波进行斐波那契分割，如图 4-105 所示。

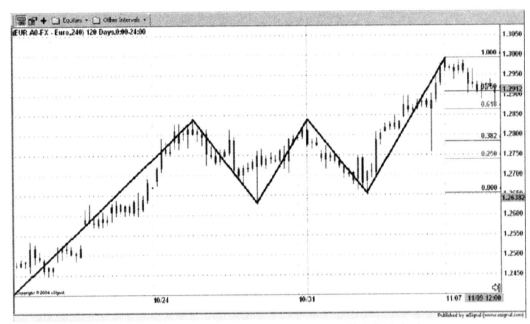

图 4-105　欧元兑美元推动/调整波浪中线交易策略实例（17）

11 月 12 日 8:00 一个新的活跃波被确认，我们用箭头标出其首尾，如图 4-106 所示。

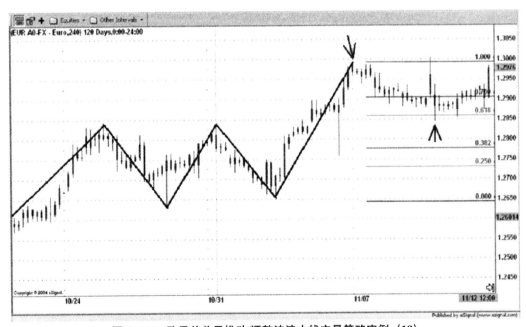

图 4-106　欧元兑美元推动/调整波浪中线交易策略实例（18）

对新的活跃波进行斐波那契分割，如图 4-107 所示。

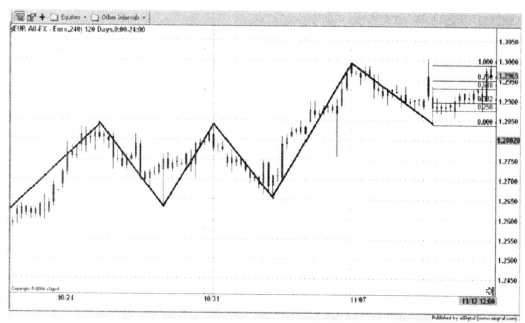

图 4-107 欧元兑美元推动/调整波浪中线交易策略实例（19）

11 月 19 日 0:00 新的活跃波被确认，我们用箭头标出其首尾，如图 4-108 所示。

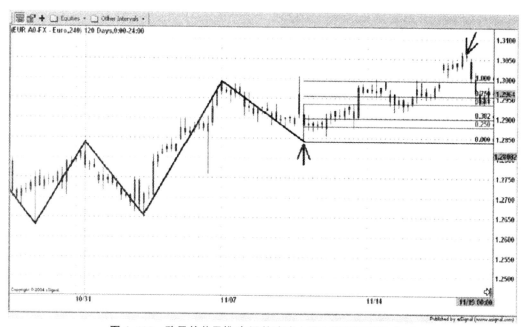

图 4-108 欧元兑美元推动/调整波浪中线交易策略实例（20）

对新的活跃波进行斐波那契分割，如图 4-109 所示。

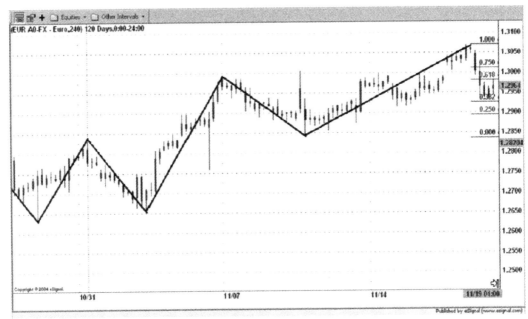

图 4-109　欧元兑美元推动/调整波浪中线交易策略实例（21）

11 月 29 日，新的活跃波得到确认，我们用箭头标出其首尾，如图 4-110 所示。

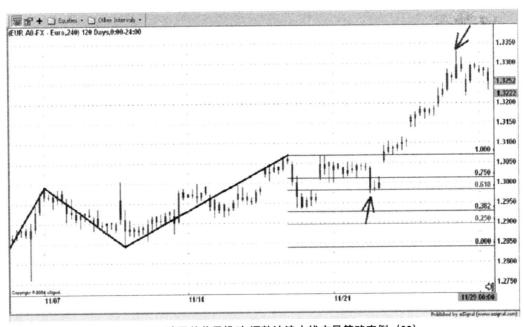

图 4-110　欧元兑美元推动/调整波浪中线交易策略实例（22）

对此新的活跃波进行斐波那契分割，如图 4-111 所示。

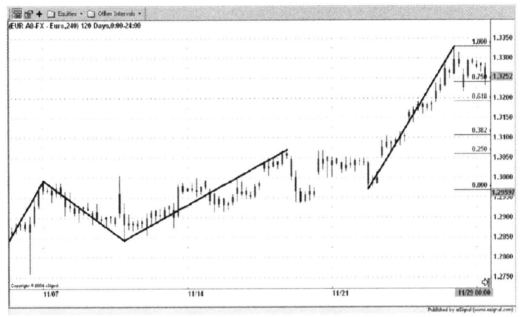

图 4-111 欧元兑美元推动/调整波浪中线交易策略实例（23）

12 月 2 日 16：00 一个新的活跃波形成，我们用箭头标出其首尾，如图 4-112 所示。

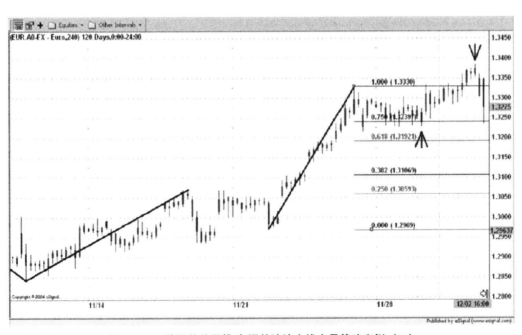

图 4-112 欧元兑美元推动/调整波浪中线交易策略实例（24）

对此新的活跃波进行斐波那契分割，如图 4-113 所示。

图 4-113 欧元兑美元推动/调整波浪中线交易策略实例（25）

12 月 3 日 12:00，一个新的活跃波被确认，我们用箭头标出其首尾，如图 4-114 所示。

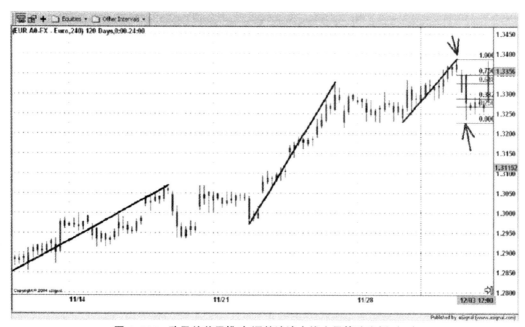

图 4-114 欧元兑美元推动/调整波浪中线交易策略实例（26）

对此新的活跃波进行斐波那契分割，如图 4-115 所示。

图 4-115　欧元兑美元推动/调整波浪中线交易策略实例（27）

12 月 6 日 4:00，新的活跃波被确认，我们用箭头标出其首尾，如图 4-116 所示。

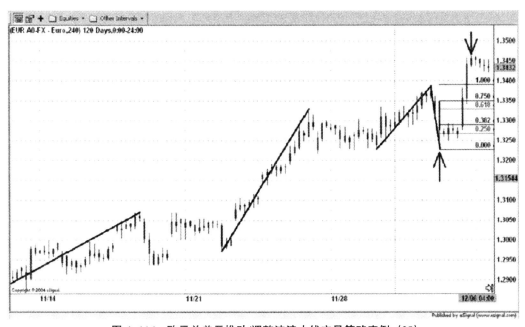

图 4-116　欧元兑美元推动/调整波浪中线交易策略实例（28）

对此新的活跃波进行斐波那契分割，如图 4–117 所示。

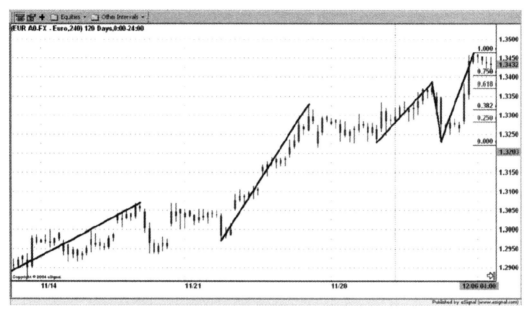

图 4–117　欧元兑美元推动/调整波浪中线交易策略实例（29）

波段的幅度如果太小，没有研究的可能性和必要性。

12 月 9 日新的**活跃波**被确认，我们用箭头标出其首尾，如图 4–118 所示。

图 4–118　欧元兑美元推动/调整波浪中线交易策略实例（30）

对新的活跃波进行斐波那契分割，如图 4-119 所示。

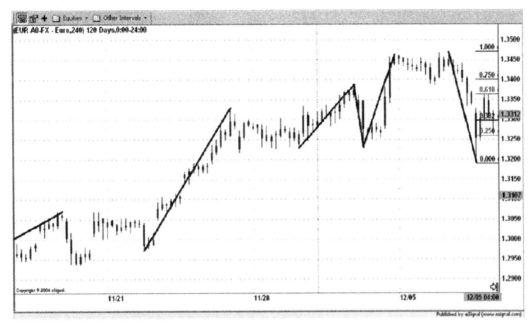

图 4-119　欧元兑美元推动/调整波浪中线交易策略实例（31）

12 月 9 日 12:00，新的活跃波被确认，我们用箭头标出其首尾，如图 4-120 所示。

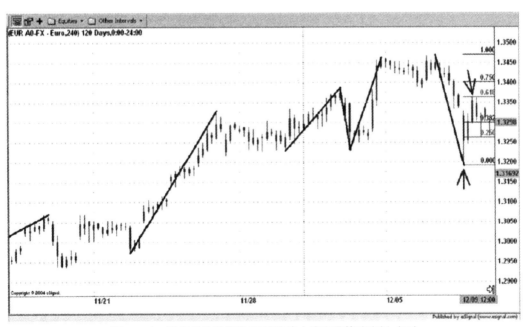

图 4-120　欧元兑美元推动/调整波浪中线交易策略实例（32）

新的活跃波是主力最新的动向，以最新活跃波作为参照系，观察价格相对于它的波动，相当于揣摩主力的态度和意图。

对新的活跃波进行斐波那契分割，如图 4-121 所示。

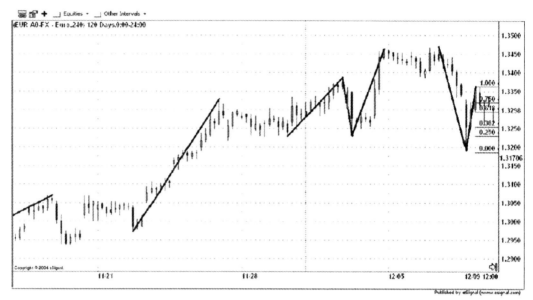

图 4-121　欧元兑美元推动/调整波浪中线交易策略实例（33）

12 月 10 日，市场开始反转，在 12:00 一根蜡烛线整个位于 0.25 之下，这是一个原始看跌信号，于是我们退出多头交易，如图 4-122 所示。

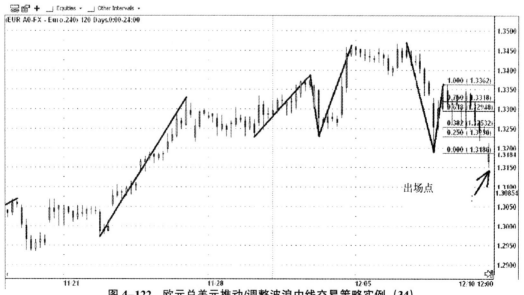

图 4-122　欧元兑美元推动/调整波浪中线交易策略实例（34）

总结整个交易，我们在 1.2461 进场做多，在 1.3184 出场，毛利 723 点，整个交易如图 4-123 所示。如果交易了一标准手，则获利大致为 7230 美元。

图 4-123　欧元兑美元推动/调整波浪中线交易策略实例（35）

接着我们来看第二个例子，英镑兑美元的中线交易实例。工具一样，这里就不再赘述了。我们从 11 月 19 日 8:00 开始交易，此时价位为 1.8490，如图 4-124 所示。对

图 4-124　英镑兑美元推动/调整波浪中线交易策略实例（1）

应的日线 RSI 位于 50 之上，因为我们应该寻找做多信号。

首先，我们需要确认**活跃波**，为此我们需要找出那些幅度在 **150 点以上的波段**，通过肉眼初步观察，我们标出了如图 4–125 所示的几个波段。

图 4–125　英镑兑美元推动/调整波浪中线交易策略实例（2）

散户的资金不足以引发活跃波，而外汇市场的主力是客观存在的。

接着我们对这些波段的高度进行计算：

波段 1 的高度 = 1.8636 – 1.8464 = 172 （点）

波段 2 的高度 = 1.8636 – 1.8435 = 201 （点）

波段 3 的高度 = 1.8596 – 1.8435 = 161 （点）

波段 4 的高度 = 1.8596 – 1.8372 = 224 （点）

四个波段的高度都符合要求，不过波段 1 最近，所以波段 1 为活跃波，如图 4–126 所示。

对活跃波进行斐波那契分割，如图 4–127 所示。

11 月 23 日 12:00，有一根蜡烛线整根位于 0.75 之上（之前回撤中心带也被触发），同时日线 RSI 也位于 50 之上，我们应该入场做多，如图 4–128 所示。

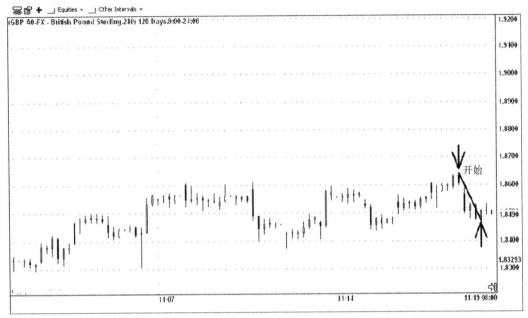

图 4-126　英镑兑美元推动/调整波浪中线交易策略实例（3）

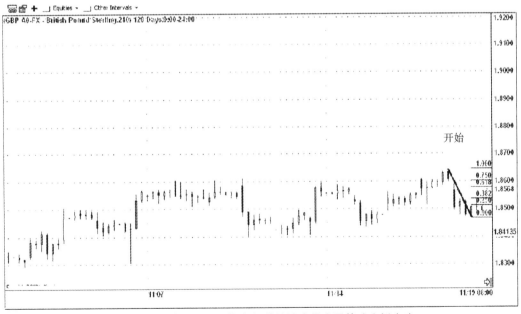

图 4-127　英镑兑美元推动/调整波浪中线交易策略实例（4）

图 4-128 英镑兑美元推动/调整波浪中线交易策略实例（5）

于是我们在 1.8698 处入场做多，如图 4-129 所示。

图 4-129 英镑兑美元推动/调整波浪中线交易策略实例（6）

初始固定止损限定了风险报酬率中的风险部分。

进场的同时，在 1.8698 下面 100 点处设定**初始固定止损**，也就是在 1.8598 处设定初始固定止损，如图 4-130 所示。

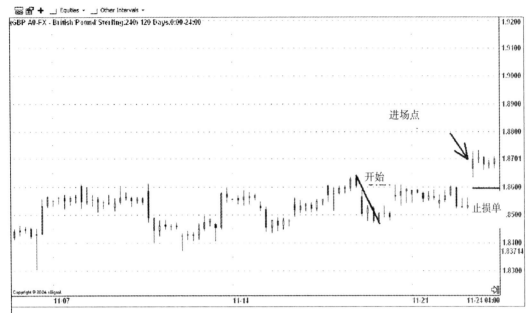

图 4-130　英镑兑美元推动/调整波浪中线交易策略实例（7）

11 月 29 日 0:00，新的活跃波被确认，我们用箭头标出其首尾，如图 4-131 所示。

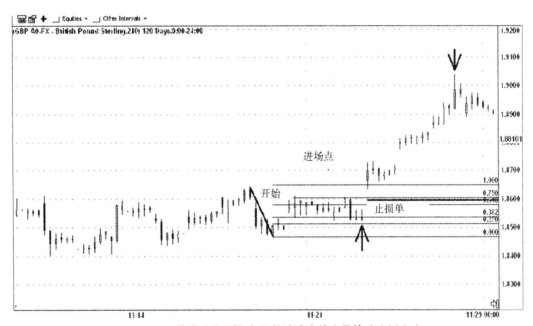

图 4-131　英镑兑美元推动/调整波浪中线交易策略实例（8）

对新的活跃波进行斐波那契分割，如图 4-132 所示。

209

图 4-132 英镑兑美元推动/调整波浪中线交易策略实例（9）

11 月 29 日 20:00，新的活跃波被确认，我们用箭头标出其首尾，如图 4-133 所示。

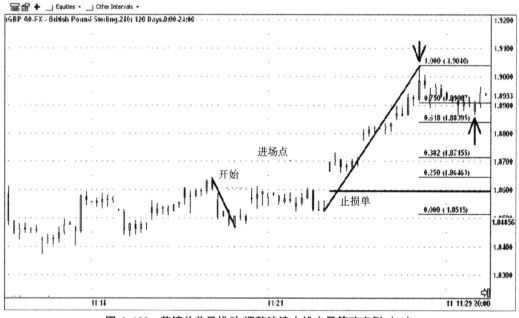

图 4-133 英镑兑美元推动/调整波浪中线交易策略实例（10）

对新的活跃波进行斐波那契分割，如图 4-134 所示。

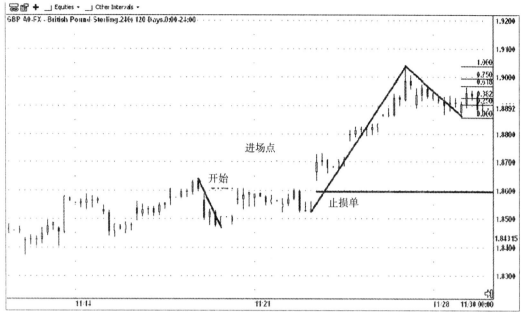

图 4-134　英镑兑美元推动/调整波浪中线交易策略实例（11）

12 月 2 日 16:00，新的活跃波被确认，我们用箭头标出其首尾，如图 4-135 所示。

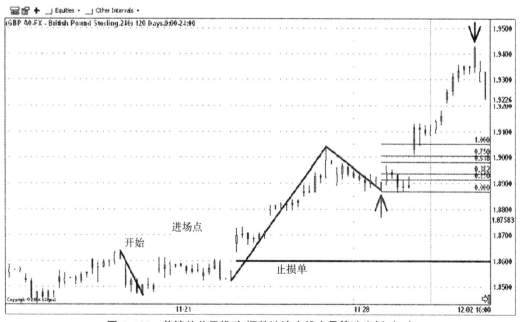

图 4-135　英镑兑美元推动/调整波浪中线交易策略实例（12）

对新的活跃波进行斐波那契分割，如图 4-136 所示。

12 月 3 日 12:00，新的活跃波被确认，我们用箭头标出其首尾，如图 4-137 所示。

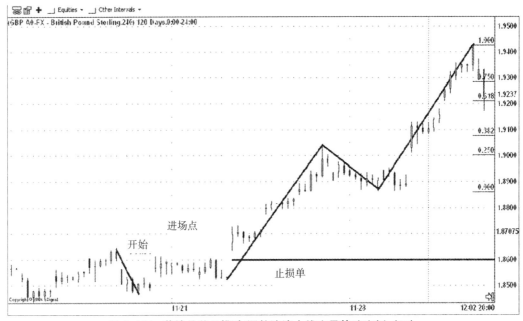

图 4-136　英镑兑美元推动/调整波浪中线交易策略实例（13）

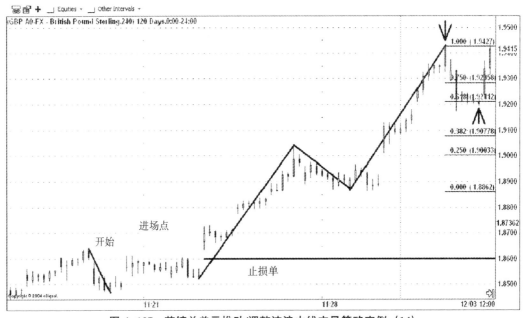

图 4-137　英镑兑美元推动/调整波浪中线交易策略实例（14）

现在是不是闪电变种多头形态？动脑筋才能有实质的进步。

对新的活跃波进行斐波那契分割，如图 4-138 所示。

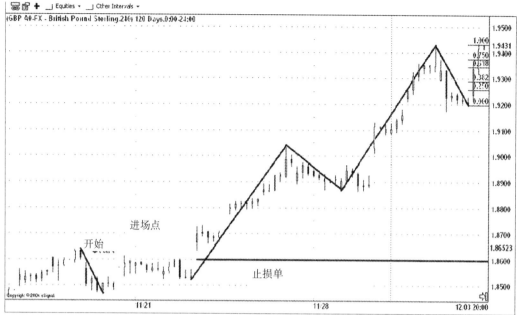

图4-138 英镑兑美元推动/调整波浪中线交易策略实例（15）

12月6日4:00，新的活跃波被确认，我们用箭头标出其首尾，如图4-139所示。

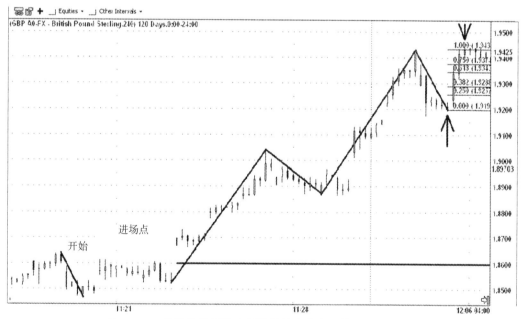

图4-139 英镑兑美元推动/调整波浪中线交易策略实例（16）

对新的活跃波进行斐波那契分割，如图4-140所示。

213

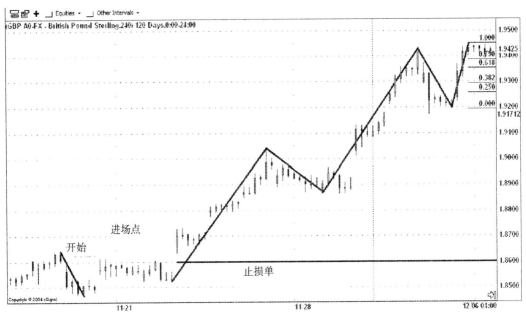

图 4-140　英镑兑美元推动/调整波浪中线交易策略实例（17）

12 月 12 日 8:00，一根蜡烛线整根位于 0.25 之下，发出初始看跌信号，我们退出多头交易，如图 4-141 所示。

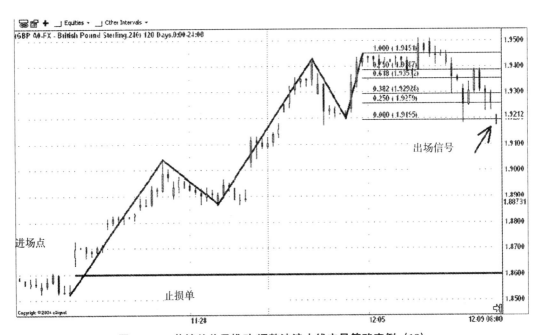

图 4-141　英镑兑美元推动/调整波浪中线交易策略实例（18）

整个交易，我们在 1.8698 处入场做多，在 1.9212 处出场，毛利 514 点，如果进行一标准手的买卖，其毛利润就是 5140 美元，而**承担的最大风险也就是 100 点**（见图 4-142）。

如何能够让风险报酬率最优化，顺势的基础上"截短亏损，让利润奔跑"。

图 4-142　英镑兑美元推动/调整波浪中线交易策略实例（19）

比尔·威廉姆交易法的操作表格

比尔·威廉姆交易法的操作表格（DINA version）

编号
汇率（　　/　　）　　　　　时间级别（　　　　）　　　　交易起止（　　　）–（　　　）

交易进场管理	ALLIGATOR 1. 展开 2. 合拢	FRACTUAL 向上分形：1. [　　]　　2. [　　]　　3. [　　] 向下分形：1. [　　]　　2. [　　]　　3. [　　]				
中途加仓管理	分形突破交易					
	动量交易 AO	碟形买进 [　　] 碟形卖出 [　　]	穿越买进 [　　] 穿越卖出 [　　]		双峰买进 [　　] 双峰卖出 [　　]	
	加速度交易 AC	同向两根买进 [　　] 同向两根卖出 [　　]	穿越两根买进 [　　] 穿越两根卖出 [　　]		反向三根买进 [　　] 反向三根卖出 [　　]	
	区域交易	红色区域		绿色区域	灰色区域	
	平衡线交易					
交易离场管理	5 根连续价格线	1. 追进位 [　　]	2. 追进位 [　　]	3. 追进位 [　　]	4. 追进位 [　　]	5. 追进位 [　　]	6. 追进位 [　　]
	红线/绿线					
	反向信号					
	五颗子弹	背离	分形	蛰伏	目标区域	动量交叉

交易总结：
盈亏兑现+（　　　　　）/–（　　　　　）　　　　　　　　　　比例（　　　　）%

维加斯隧道交易法

本文根据 *The Tunnel Method by Vegas* 翻译得出，原作者允许该文自由传播，本文最初由魏强斌翻译于 2006 年 1 月，由于繁忙此后没有加以校订。该文提及了斐波那契数字的一种交易方法，我们只是提供给大家参考，外汇市场存在风险，任何方法都不能保证其绝对有效。下面是译文，不妥之处，敬请见谅。

请花些时间仔细阅读和评估这些信息。关掉电视，把孩子们赶出屋去，给予这份材料应有的严肃关注吧。这份文件的每个词都有其理由。我完全知道绝大部分人将认真对待这些信息，而剩下的人则不会这样。我倒无所谓。我不会以共享这个东西为条件从任何人那儿获取一丁点儿好处。我不想要你的部分利润，也不想从你那儿获取金钱方面的报酬。你可以同任何人分享这个东西，或者留着自己用。甚至你可以对你的所有朋友夸耀你发明了这个模型。我并不介意。你完全可以自由地将这些东西或多或少地融入你的交易风格中去。我仅希望你能赚取利润。

我相信通过向你演示这个方法，你能够带给自己一笔丰厚的收入。即使我将这个方法毫无差错地传递给你，但你必须确保自己将其用于实践和扣动扳机。我的目的不是使你确信"隧道交易"是交易方法。这个工作属于你，你通过对自己感兴趣的货币的研究来完成这项工作。

历史数据并不会说谎。它在那儿等待我们去检验。你赚取的每个铜板儿都是你应得的。在一个极短的时间内（可能一个月）你会把"隧道方法"当作自己的方法。对你们中那些已经有着舒适的外汇交易生活的人，我对你们的努力致以敬意。

对那些向往过上舒适外汇交易生活的人，我也对你们的努力致以敬意，不过是以一种不同的方式。你们正在寻找更好的东西，并且这种渴望和热情如此鲜明。我希望你批判地对待这种方法。批判精神是你的巨大资产之一，只有通过亲身的研究你才能

够发觉"隧道方法"的巨大力量。花时间让这些信息进入你的大脑，以便自己懂得方法背后的理论基础。在用"隧道方法"交易前给自己认为足够的时间准备。假如那意味着在操作真实资金前先进行模拟账户演练，然后你当然可以接着往前走。

在开始之前，我将向你提供一点职业交易者的意见，这些意见被涵盖于整个文档中。第一，测试一个你相信能随着时间赚钱的方法并且坚持下去（无论它是隧道方法还是其他的什么）。第二，尝试理解这个模型的理论基础。第三，小额交易直到完全确信方法有效。第四，你的成功（利润）来自于正确地运用这个方法，而不是猜测市场的方向。第五，把第四条再读一遍。第六，在开市期间放弃思考，当这个交易机器关闭时再来思考，而不是在热战中进行思考，顺应市场。

在我开始之前，请把最后一段再读一遍直到你充分理解其中的含义，我并非故弄玄虚，我确实相当认真。好的，让我们开始进入正题吧。

我的交易生涯开始于1980年夏天，当时我在芝加哥中美商品交易所花8000美元购买了一个会员资格，并且以10000美元为本金开了个户头。准确地说这是我的所有。

当我到那儿时，我认为自己无所不知。买低卖高—挥手—将现金放进口袋—然后在下午1点离开—在夏天的午后打高尔夫—基本上生活在作手之梦中。开头的几个月交易进展不错，主要是迷你黄金合约提供的利润。到10月，我户头上大概已经有30000美元。但它们都是直觉下的交易。在10月中旬的一个星期五，在闭市3小时前我开始追逐更大的户头数字。闭市时我已经损失了17000美元。现在我的户头只有13000美元了。

我在一个致命头寸上度过了星期六。我简直发疯了。幸好厨房没有利刃，同样也没有一支枪。星期天时，我逐渐明白不能允许这样的事再次发生，因为这简直不是一个行家的做法。一个行家怎么会允许这种事发生，而仍旧称自己是行家。长期讲，假如我不改变，假如不改变我的交易模式，假如我的心理过程不改变，它将再次发生。谁会知道，它会不会比这次更糟糕？

稍后我把这损失看作我交的攻读博士学位的学费。在接下来的几个月里，我测试了大家知道的每个系统和模型。我在交易殿堂中学习迅速，在这个殿堂中交易纪律对产生利润来讲是第一位的。我请教周围的人，最后还恳求较大的交易者分享他们的部分秘密。在一年的时间里，大家都在找我。在中美交易所之后，1981年晚些时候我去了芝加哥商业交易所。

给你的"隧道方法"是我20多年研究和交易的积累所得。它在以前和现在都在起作用，并且将在将来起作用。我相信它在外汇和标准普尔合约上最为有效。

让你成为行家（职业交易者）并不是我的热情和意图所在。以外汇市场今天交易的方式（3个到5个点差），你无论如何不能做绝大多数人干的"刮头皮"的交易。万一还没有任何人告诉你在外汇市场"刮头皮"并不是致富之路，我告诉你。这个世界上没有任何一个富裕的人是靠刮欧元或者其他汇率的"头皮"来发财的。因而，为什么你要将"刮头皮"作为你的主要交易目标？

然而，懂得一个行家在一个模型中寻找的东西将极为有用。注意我总是采用"模型"，而不是"系统"这个词。系统指一个程序化的黑箱，它可以机械化地交易，赚取无数利润。我说不存在这种系统，你感到震惊吗？

首先，你需要图表服务。因为绝大多数电子交易平台有带着技术指标的图表，这并不是一个问题。为你感兴趣的汇率新建一个1小时图。棒图和蜡烛图实际上没什么区别。叠加上三样东西：①169期指数移动均线；②144期指数移动均线，以及最后加上12期指数移动均线。

144期和169期均线即构成我所说的"隧道"。而12均线是一个极其有价值的过滤器，它将是你一直想放在上面的东西。在过滤器部分我将谈到这个东西。

记住或者写下下列菲氏数列并且使它们靠近你的交易屏幕：1，1，2，3，5，8，13，21，34，55，89，144，233，377。为了交易，我们感兴趣的数字是55，89，144，233和377。

等待市场进入"隧道"区域。当它突破"隧道"上轨时，你做多。当它突破"隧道"下轨时，你做空。平仓和反转放置在"隧道"的另外一边。当市场按照你的方向运行时，你在接连的菲氏数字位置处依次兑现部分利润，留下最后一单直到下列情况发生：①市场从"隧道"处运行到最后一个数字（377点）；②市场最终回到"隧道"或者到达"隧道"另一边。

举例：GBP/USD目前处在1.8500。各均线位置分别如下：144期在1.8494，169期在1.8512，市场突破1.8494，并且你在1.8492做空。你的平仓和反转点现在设置在1.8512。接下来的几个小时里，在你建立空头头寸后市场下跌了40点，汇率现在是1.8440。你可以用隧道边界或者隧道中心线作为计算基准。均线的位置还是以上给出的那些，所以假如你使用中心线为计算起点，那么从1.8503开始的55点就是1.8448，你应该在1.8448结束部分头寸。

在这天剩下的时间里市场毫无作为。平仓点应该下移以便保护头寸或者将平仓点放到"隧道"中。现在你应该等待价格从"隧道"出发89点处。因为55点已经通过，在这个循环中它不再是我们关心的对象。几天之后英镑处在1.8300，而隧道中心线是

1.8410 ［1.8400~1.8420］。你应该在 1.8321 清理掉另外一部分头寸。市场在此筑底，在 2 小时后，英镑蹿到 1.8535。你剩下的空头头寸在"隧道"上轨 1.8420 结束，并且从这个位置开始做多。因为你是多头，你将在 1.8475 和 1.8509 兑现你的部分利润。

这是一个相当有代表性的例子。倘若你能够坚持这个基本的模型，你的账户将随着时间令你满意地增长。万一你失算了，这个模型将把你的损失限制到很小的程度。通过限制，你不可能从最初进场的位置在一笔交易中损失过大。另外，你很快将在 55 点位置获得一些利润，这满足了你获取"头皮"利润的需要，假如市场继续朝有利于你的方向前进，你坚持一些头寸也获取长期的利润。通过限制，你让利润增长。

大概就是这样了。这就是模型。它的设计相当简单，并且容易记住。行家想要的一切都在这个模型中，除了 2 点的"头皮"利润，而这是你无论如何也不能去追求的。砍掉亏损，让利润奔跑。虽然它的设计是简单的，但背后的思想确实复杂。现在是讲这个的时候了。

为什么是 1 小时线？较小期限的图像导致更多的错误头寸，而这又导致更多的损失。2 小时图和 4 小时图大致类似，但我偏爱 1 小时图，因为它很简洁，并且有时在 4 小时图上很难看清市场的交易进展。

为什么用 1 小时图上的 144 和 169 指数移动均线？它们都是关于从短期到中期的动能。比这更短的指数移动均线给出的动能交易信号是在短期获利信号。换而言之，是可怕的震荡市场。它可能在你的方向上运行 3 分钟或者 6 个点，然后反过来打你。更高的指数均线产生的动能长期信号，其结果是每 3 年才有 2 个交易信号。这不太妙，因为可能在你等待的时候，市场在没有你参与的情况下在一个方向上走了很长一段距离。

另外一个理由是基于江恩的理论。江恩最伟大之处在于江恩正方形，江恩正方形基于价格和时间的内在关系。我不是江恩的信徒，但也不能把他的成果看成垃圾。毕竟他在 1910~1950 年赚了 5000 万美元，值得让人尊敬，即使你不同意他的方法。144 是菲氏数列中仅有的一个平方根是整数的数字；而最靠近这个平方根 12 的菲氏数字是 13；而 13 的平方是 169。"隧道"现在就这样创建起来了。

但是，这个证明只是陪衬性的。在一个趋势性的货币市场中（长期而言它确实是这样），回撤是你能重建盈利头寸的时机。回溯过去，看看 1 小时图，查看一下回撤停顿的位置，你不必更多地知道江恩理论、数字学、天文学或是其他什么。回撤停顿的位置非常靠近，假如不是很准确地落在 144 和 169 均线，也是落在"隧道"。

每个人都应该知道移动均线是滞后指标。无论什么类型的均线都滞后，它们只能在事情发生之后告诉你市场已经转向。即使它提供了有价值的信息并且帮助你建立了头寸，但它不能在协助你利润最大化方面发挥太多作用。假如你过分使用它们并且最后出场，你将发现两件事：①当你在某点有个盈利的交易，但你砍掉了这个头寸；②在一个回撤中它们让你出场了，现在你却不知道如何是好。

我能将你需要知道的关于菲氏数字和相应菲氏比例 1.168 任何东西总结出来。菲氏数字是及时的，这不是个滞后的指标。当市场从目前的"隧道"出发碰到一个菲氏数字时，这个正是一个自然的停止点，请从图表中获取利润吧。当市场通过一个菲氏数字时就像有把滚烫刀子在割黄油，这给了运动更进一步的信息。相对活跃的货币对较其他较稳定的货币对将经历更高的菲氏数字。所有主要货币对中，GBP/USD 和 USD/CHF 是最为活跃的，紧接着是 EUR/USD，以及其后的 USD/JPY。

因而，我交易 GBP 和 CHF，因为它们经常较其他货币对象极端。这些极端的运动（233 和 377）在一个有规律的基础上，产生巨大的利润。在 EUR 返回穿过"隧道"之前，它穿过 233 的概率是非常小的。它仅仅在最近发生，但假如你去看看几周、几个月，甚至几年前的历史，你就会发现成功概率微乎其微。而 GBP 和 CHF 则不是这样的。

较高的菲氏数字实际上给了你重要的等式：价格=信息。它们极端准确。假如你研究一下你的货币对，将发现市场经常在触到这些水平后发生回撤或者开始反方向地较大运动。这难道不是有价值的信息吗？

对那些想交易较不活跃的货币对的人来说，你们也许想将 34 包含在你的利润兑现操作中。在这种情况下，假如你不这样做，你也许因为忽略这个菲氏数字而放弃了大部分利润。

过滤器用来增加整体利润和（或）降低整体的损失。假如一个过滤器没有起到两个作用中的一个，我就不会采用它了。维加斯团队使用的过滤器如下。是的，我有一个团队，由 3 个人组成。我们交易 GBP/USD、USD/CHF 以及标准普尔 E 迷你远期合同。每一个品种由一个人专门负责。我负责 GBP/USD。我们每人各自负责自己的主要品种。当市场交易时，我们当中总有一个人守候在屏幕前面。离开时头寸就由另一个人照顾。我们只进行"隧道交易"。

（1）将一小时的 12 指数移动平均线和你的其余指标放在屏幕上。当"隧道"、目前市场价格和 12 均线处在相同位置时，你就要注意了。当市场突破"隧道"，这里有很大的可能性要发生市场的强烈移动。我不需要江恩，因为这意味着时间和价格的正方，所有一切都处在均衡当中。当突破时，市场就大幅度前进。

需要证据吗？好的，回到你喜欢的货币对的历史去检查一下。在 2005 年第一季度，这个过滤器单独提供了 20 个交易，其中 19 笔在 USD/CHF 产生利润。实际上，当我写到这时，一笔交易仍旧持仓。因为我不负责 CHF，我不是负责平仓的这个人，当我在屏幕前面时仅仅负责监视它（当必要时改变平仓位置等），但这个头寸仍旧持有。

这个过滤器如此有价值，当我们看见它发展然后发生时增加交易的头寸。当回到历史并进行检验时，你将注意到许多次。它是一个极端富有利润的过滤工具。我们也定义"相同位置"是指 5 个点之内。有时结果证明信号是精确的，但我认为不必过分拘泥。在 5 个点之内对我们来讲也就足够了。

（2）我们在亚洲市场开市期间，不建立新的头寸。在纽约下午 5 点和午夜之间也是可以忽略用来建仓的时段。未了结的头寸如通常般受到监控。假如 FIB 数字对应的位置被触到，我们将兑现利润。假如失去了一次行情，我们就失去了。一个失去的行情仅仅是一个机会成本。在亚洲市场最终将支出不菲的成本。

（3）能够带来显著影响的消息日可以忽略。这样做是正确的，对于建立新的头寸，我们忽略了它们。目前只有美国非农就业数据（NFP）我们不能忽略，它在每个月的第一个星期五纽约时间 8：30 公布。已经持有的头寸如通常一样监视。

（4）当隧道非常狭窄时（大部分时间如此），不要把止损点放在隧道的另一边。你无疑使自己处于危险的境地。用小时图上的最近几小时的支撑和阻力来设立止损点。

假如你是个交易的菜鸟，你会发现这是一个非常讨厌的过滤器。假如你不太熟悉趋势线、三角形、旗形、尖旗形和支撑阻力线，那么去学习一下再回来继续看下去。这是一个简单但有用的建议。

（5）我们等待的是一个干脆的一根线突破隧道。这意味着几乎从一开始你就处于盈利。但你不会总是得到一个干脆的突破。市场在隧道停留得越久，就越可能是以突破阻力支撑线而不是隧道边界进入。

（6）在一个强劲的上升或者下降趋势中，我们不会交易小趋势信号（非主流信号）。假如 GBP/USD 正处于一个强劲的上升趋势中，我们不会在突破隧道下轨时建立空头头寸。为什么？因为从隧道成功突破 55 的可能性很小。过去的历史告诉我们如此，所以我不会期望成为英雄，说："这次不同。"当市场转过来穿过隧道处于上升趋势时，我们将站在多头一边。

假如我必须告诉你们什么时候是强劲行情，我认为你没有注意价格运动较近时候的情况。

这些就是我们运用的工具。你能运用更多的东西吗？你能创造你自己的东西吗？

你能改变定义中的部分吗？当然，你能够！发明你自己的过滤器，用艾略特波浪过滤器，用任何你认为能促进你交易的东西。

我真的需要提到资金管理吗？我不这样想。在最小规模上你应该用 3 手去进行隧道交易。用 55、89 和 144 作为平仓位置，每个位置兑现一手单。假如你能够进行 4 手交易，用 55、89、144 和 233 作为平仓点。5 单是较为偏爱的建仓规模，而你这时用 55、89、144、233 平仓，并且继续持有一单直到穿过隧道边界或者到达 377。

当然，你可以建立任何你期望的头寸规模。对小一点的交易者而言，一个单位的大小也许是 10000。假如你没有钱进行 30000 左右的交易，那么我会建议你先去储蓄然后再回到市场。假如你的户头有 2000 美元，你就能够极其容易地运用隧道交易法进行以 10000 为单位的交易。

这个模型的最大优点之一是它的设计允许你选择在交易中偏好的风险收益水平。你可以采用激进或是保守的风格，总之是适合你的风格。我将给每种风格提供一个例子。这些仅仅是例子而已，我并没有说你必须这样做。我仅是给这两个例子以便促进你动动脑筋。在接下来的几天和几周时间里我确信你将找到一个适合你的持仓水平。

例子 1　非常激进的风格

隧道是买卖的中心。在隧道上面，突破时买进，在 FIB 数字对应位置卖出。在 233 和 377，由于回撤而减弱了行情。在隧道下面，跌穿时，在 FIB 数字对应位置买进。用前面的 FIB 数字作为止损点。这样做非常积极，并且非常适合短期交易者，他们采用日内交易时间结构。

例子 2　非常保守的风格

使用基本的隧道体系加上 12 指数移动平均线。仅在这个信号发生时建立仓位。等待最具可能盈利的交易机会，宁愿放弃许多交易机会来换取较低的风险。交易时动用 3 个单位。在菲氏数字 55 和 89 对应位置处分别平掉 1/3 的仓位。留下最后的 1/3 仓位直到 233 对应位置或者价格穿过隧道。这使得交易者能够抓住短期 1~5 天的利润，并且使得交易者能够抓住继续发展的趋势。

当你认真去执行时，一旦你使它适应你个人的交易风格和风险偏好，隧道交易法将带给你想要的东西。准确地讲，由于其灵活性，隧道交易法是我所见过的最佳模型。

你真的需要一个好的图形服务去查看一下你交易货币对的历史。我曾经几次提到外汇新闻论坛上的 FXTREK。假如你有另外的服务商，那也不错。但对你们中那些从交易平台获取图表的人来说，平台提供商绝大部分不会允许你获取历史数据。你能够从 www.fxfrek.com 上申请一个 7 天的智能图表模拟账户。它们仅提供外汇图表，提供许

多货币对的过去 30 年的数据并配有数百种技术指标，而且是在任何你想要的时间框架上。所以，你可以回顾并查看你感兴趣的货币对在过去 30 年的 1 小时图。七天之后，价格是每个月 100 美元。

假如我处在你的位置，我不会在没有确认我说过的东西在有效性的前提下进行一个交易。这就是我让你检查 1 小时图的历史数据的原因。你可以亲自看一下隧道如何发挥作用以及 FIB 数字多么重要。

我可以漫谈关于隧道方法的许多东西，但你现在有基础可以开始了。一旦找到了你的交易风格和风险限定，你就能够开始思考另外的更加精致的过滤器和信号。当然，你还能够完全自由地使用我们团队采用的这个模型。

希望我已经提供了一些帮助。对部分人来说，我希望能使你们认识到一个模型所传递的东西。对另外一些人而言，我希望你们能从中获取对未来有用的东西。对那些认为我是胡说的人，那也没有什么。我认为我可能站在你跌临的深渊旁边，你的尖叫声总是提供了幽默。

格局与技术策略

本书第一版是在社会科学文献出版社出版的，广受好评。升级版相当于增加了一些内容，这篇后记也属于增加的部分。为什么写这篇后记呢？主要是想"点化"一下本书的"命门"，准确而言也是一切技术策略的"命门"。任何理论都有一个前提，这个前提你没有搞清楚、没有意识到，那么在运用的过程中必然会感觉到力不从心，甚至怀疑理论本身是错误的，毫无用处，只能误人子弟。

任何技术策略都有一个前提，那就是**"格局是否友善"**。每个技术策略都有对其友善的格局，自然也有相反的格局。从这个意义上讲，没有任何技术策略是万能的，如果有这样的技术策略，那么电脑将轻而易举地战胜任何交易者。但是，我们通览历史上和身边的各类交易绩效奇迹发现，人的绩效都胜过了机器。

对手盘是活的，技术是死的！ 这是我们经常挂在口头上的一句话，这句话我们放在了《高抛低吸》这本书的扉页上，目的是让后来者永远不要在技术策略面前处于主动，清醒地知道技术分析的优劣，掌握其命门，这才是王者所为。NBA比赛中，任何两队相遇，无论强者多强，弱者多弱，都不可能是强者一球不失，弱者一球不进。为什么这样呢？博弈行为存在太多不确定性，最大的不确定性在于"对手是活的"，对手的情绪和能力、动机和预期处于动态过程中，再强的参

> 爱因斯坦曾说我们能够问的最重要的问题是"宇宙是否友善?"

> 所谓战胜不复，这点很关键。

赛者面对再弱的参赛者也无法完全控制整个比赛过程和结果。

外汇交易，乃至所有金融交易又何尝不是这种情况呢？正因为博弈的这种绝对不确定性，才导致了仓位管理的必然性。索罗斯从早年哲学学习和后期的金融实践中深刻体会到了这一点，他称之为人认知能力的天生不完备性，因此所有交易他都必然设定一个可证伪的条件。我们的认知能力是绝对不完备的，面对博弈活动时更是如此。

然而，技术分析却最容易让我们产生幻觉，因为它将市场的运动呈现为某种"死板的规律"，但其实这些所谓的"规律"是有特定历史背景的。这个特定的历史背景，就是我们所谓的"格局"。

格局有很多种，我们在《题材投机》一书中列出了各种格局的模型，这里不再赘述，只谈三种格局。第一种格局是持续利多格局，外汇市场中的**加息周期就是这类格局**，这个时候绝大多数技术做多信号都是有效的，而绝大多数技术做空信号都是无效的。就斐波那契技术策略而言，回撤点位和向下扩展点位被 K 线验证后都是很好的做多机会。而所谓的阻力点位则往往都靠不住，要么直接突破，要么稍微调整后突破。

第二种格局是持续利空格局，外汇市场中的**降息周期就是这类格局**，这个时候绝大多数技术做空信号都是有效的，而绝大多数技术做多信号都是无效的。就斐波那契技术策略而言，反弹点位和向上扩展点位被 K 线验证后都是很好的做空机会。而所谓的支撑点位让我看都靠不住，要么直接跌破，要么稍微反弹后跌破。

第三种格局是震荡格局，基本面没有重大变化，这种格局下斐波那契信号经过 K 线确认后都比较有效，但是一旦基本有突变，那么就回到了上述两种格局。如果这个时候没有设定恰当的止损，甚至没有止损，那么后果就非常严重了。

本书重点推荐的是"推动/调整波浪交易法"，这种方法在什么样的格局下有效，在什么样的格局下无效，在什么样

严格来讲应该是相对息差扩大周期。

严格来讲应该是相对息差缩小周期。

的格局下能够赚大钱，在什么样的格局下会遭遇不断的亏损呢？这些问题搞清楚了，就搞清楚了所谓的"命门"。技术策略的最佳优势在于可以过滤感情的影响，量化交易，进而便于对绩效进行检验，这就是其可证伪的一面，但是其劣势在于如果忽略了背景、忽略了格局，则会陷入"技术原教旨主义"。通过 RSI 来顺应趋势，这是"守株待兔"的做法，如果没有趋势，那么 RSI 也无法保证你获利。所有的技术策略都面临类似的困境，也就是说技术分析自身无法有效预判是否存在趋势，只能跟随趋势。而"推动/调整波浪交易法"的主要意义在于帮助我们更好地追随趋势，它的最大价值在于"截短亏损，让利润奔跑"。杰西·利弗摩尔强调盈利的关键在于"顺势而为"，那么如何做到**顺势而为**呢？**"截短亏损，让利润奔跑"就是进一步的答案。**如果还要进一步呢？如何做到"截短亏损，让利润奔跑"呢？"推动/调整波浪交易法"就是利器。

当你天天听到顺势而为这个词但却找不到方法的时候，你就会觉得这是陈词滥调。

　　其实，这一方法有一个暴利的法门，既然大家都看到这里了，就没有必要藏着掖着了。当你确认自己大概率处于某一单边格局的时候，就应该把握大多数的"推动/调整波浪交易法"进场信号，不仅要建仓，还要加仓，**加仓的要求与书上讲的进场要求一致。这是什么"套路"？**这是顺势加仓！顺势而为其实有两个关键，第一个关键是"截短亏损，让利润奔跑"，第二个关键是"顺势加仓"。

讲到这个程度了，你应该知道命门在哪里了。第一，格局是单边，这个怎么识别？第二，恰当而足够的加仓是暴利的关键。

　　讲了技术策略的命门问题，讲了格局问题，讲了加仓问题，最后我们讲讲能力获得的问题。交易是一种能力，不能单靠记忆和思考来获得，而要靠亲身实践和总结。能力的获得必然经历反复尝试的过程，这里面没有失败，只有反馈。你要想获得能力，就必须自己总结和完善，只有单纯的知识和简单的行为可以靠着记忆和复制来完成。但是，也不能否认他人经验的意义。现实的做法是外求法和内求法结合，外面学别人的经验，这个是启发的过程，里面自己总结。外求在于启发，内求在于体悟。外因通过内因才能起作用，如果

你没有引申出自己的亲身经验，那么交易对于你而言没有任何意义，你也无法取得任何实质性的进步。比如，你学禅定，看了很多书，理论总结了一大堆，除非你真的去打坐一次，修一次禅，否则你的体验为零，禅定对于你而言也毫无意义。什么是最好的老师？交易日志是最好的老师。每隔一段时间回过头来，找一找盈利交易的共同特征，这就是寻找"积极偏差"的过程。只有这样你才能培养出自己的能力，聆听历史的声音，聆听内心的声音，你才能找出属于自己的成功之道。一切死板的技术都忽略了历史背景和内心的声音，进而忽略了鲜活的对手盘，陷入了技术的迷雾之中。

技术并非格局，技术也无对手，技术仅仅是技术，凡所有相，皆是虚妄。诸相非相的境界如何达到？就金融交易而言，明白格局是关键。

魏强斌

2016 年 5 月 28 日